本书获得2023年度黑龙江省马克思主义珇
（2023HMSJ0020）资助

经济管理学术文库·经济类

挖掘与培育数字生产力：
基于黑龙江省的实践

Excavating and Cultivating Digital Productivity:
Based on the Practice in Heilongjiang Province

韩朝亮　孙　爽／著

经济管理出版社
ECONOMY & MANAGEMENT PUBLISHING HOUSE

图书在版编目（CIP）数据

挖掘与培育数字生产力：基于黑龙江省的实践 / 韩朝亮，孙爽著. -- 北京：经济管理出版社，2025.
ISBN 978-7-5243-0231-5

Ⅰ. F120.2

中国国家版本馆 CIP 数据核字第 2025UB5506 号

组稿编辑：杨　雪
责任编辑：杨　雪
助理编辑：王　慧
责任印制：许　艳
责任校对：陈　颖

出版发行：经济管理出版社
　　　　　（北京市海淀区北蜂窝 8 号中雅大厦 A 座 11 层　100038）
网　　址：www. E-mp. com. cn
电　　话：（010）51915602
印　　刷：唐山玺诚印务有限公司
经　　销：新华书店
开　　本：720mm×1000mm/16
印　　张：13.5
字　　数：214 千字
版　　次：2025 年 9 月第 1 版　　2025 年 9 月第 1 次印刷
书　　号：ISBN 978-7-5243-0231-5
定　　价：78.00 元

目　录

1 绪 论

在当代信息技术日新月异的浪潮中，电子化数据广泛且深入地渗透至物质生产的各个环节，为生产力的发展高度赋能。2015 年 5 月，习近平主席在致国际教育信息化大会的贺信中指出，当今世界，科技进步日新月异，互联网、云计算、大数据等现代信息技术深刻改变着人类的思维、生产、生活、学习方式，深刻展示了世界发展的前景。这样的变革不仅展现了技术进步的强大力量，也预示着由数字技术深度赋能的新时代的到来。

1.1 研究背景

马克思、恩格斯在《德意志意识形态》中深刻阐述道："一切划时代的体系的真正的内容都是由于产生这些体系的那个时期的需要而形成起来的。"时代作为思想的摇篮，孕育出与之共鸣的思想旋律。任何思想体系或理论学说，均为时代进步的必然产物，唯有紧密贴合时代变迁脉搏的理论，方能引领社会前行的风尚。在解析经济现象的广阔领域中，生产力理论作为一种有力的分析工具，为我们深刻洞察包括数字经济等新兴现象在内的社会经济变迁提供了坚实支撑。追溯生产力的概念起源，它最初是由古典政治经济学家为探索国家经济增长与财富积累的路径而提出的。其中，重农学派代表人物魁奈从量的维度出发，强调农业劳动为社会财富的源泉，视生产力为"土地生产力"。随后，亚当·斯密着眼于工业革命的背景，基于机器化生产与社会分工的深化，提出了"劳动生产力"的概念；而萨伊则进一步拓展至"资本生产力"。李斯特站在国家层面，强调"财富生产力比财富本身更重要"，并将生产力细化为"物质生产力""精神生产力"及"制度生产力"三大维度（李梦欣和任保平，2019）。马克思在前人的理论基础上，将生产力概念与社会发展的普遍规律深度融合，界定了生产力的核心构成：即有目的的人类活动（或劳动本身）、劳动对象以及劳动资料，生产力是具有劳动能力的人和生产资料有机结合而形成的一种改造自然的能力（何海涛和梁爽，2018）。马克思不仅重申了"物质生产力"的重要性，还独辟蹊径地引入了"精神生产力"的概念，指出机器作为人类智慧的物化体现，是知识转化为生产力的典范。邓小平富有创造性地提出"科学技术是第一生产力"等具有划时代意义的论断，进一步丰富和深化了关于生产力理论的认识与实践（罗永平和罗忠民，2007）。

回顾人类社会历程，从游牧文化的迁徙、农耕文明的定居，直至工业革命的飞跃，这一系列的社会形态变迁，深刻体现了生产方式、生活模式与管理架构的根本性变革。这些变革根植于信息处理能力的显著提升，促进了社会分工的精细化和协作机制的深化，使得人类能够在更广阔的地域和更多元化的社群间构建紧密的合作网络，有效应对自然界与社会中的种种未知与挑战。本质上，人类社会的前进轨迹，是技术革新不断驱动生产力飞跃与生产模式转型的生动写照。这一过程催生出一系列新兴经济形态，标志着人类经济活动从低级向高级的持续演进。依据生产力发展的里程碑与生产方式的根本性变化，人类社会的发展历程可大致划分为农业时代、蒸汽时代、电气时代、信息时代、数字时代（王静田和付晓东，2020）。不同发展阶段的生产要素及生产方式如表1-1所示。

表 1-1 不同发展阶段的生产要素及生产方式

关键生产要素	农业时代	蒸汽时代	电气时代	信息时代	数字时代
	土地	资本	资本、技术	信息、技术	数据
先进劳动者	农民、手工工人	机械工人	电气、化工工人	电子、科技人员	高技能人才、机器人
重要劳动资料	人力、畜力、土地	蒸汽机、机械设备、厂房、矿山等	电动机、内燃机、交通通信设备、化工生产设施	电子计算机、核能、空间、生物技术	智能计算机、新一代信息技术、数字技术
重要劳动对象	农作物、牲畜、手工制品	矿藏、煤、石油等不可再生资源，水、生物、森林等可再生资源	人工培育物种、人工合成材料	高效、精密装备和设备	数据、信息和知识
生产组织	分散、粗放经营	单件小批生产，合作，规模经营	大规模生产、紧密合作、标准规范	跨国合作，专业交叉融合，跨界竞争	多样化、个性化、定制化精准生产
先进产业	种植业、畜牧业	纺织、机器制造、冶金、采矿、交通运输	电气、内燃机、钢铁、化工	先进制造与新兴服务业、新能源（核工业）、电子工业、航空航天技术、生物工程业	数字与实体产业相融合：新服务（电商、网购）、新金融、新制造
主要特征	精耕细作，小农经济，以家庭为单位	工厂制代替手工工厂，机器代替手工劳动，产品多样丰富，出现技术工人	产业分化、深化，垄断组织出现，世界分工形成，产品种类日趋多样且批量增大，高熟练度工人增加	生产自动化、高效化、标准化、通用化，新技术、新产品与新产业、新技能人员大量涌现	数字化改造、数字平台（海量数据、精准匹配）、加速增长、普惠性、无限指数性、共享即时性、跨界均衡性、多样精准性

资料来源：王静田，付晓东. 数字经济的独特机制、理论挑战与发展启示——基于生产要素秩序演进和生产力进步的探讨 [J]. 西部论坛，2020，30（6）：1-12.

社会生产力的根本性变革，必然会触发生产关系及社会结构的连锁反应，促使它们进行适应性调整。纵观历史脉络，从农耕文明的萌芽，历经蒸汽动力的飞跃、电气革命的浪潮，到信息时代的崛起，直至当前数字经济的兴起，生产力的演进始终与时代发展同频共振，展现出一条向知识化、智能化的发展轨迹。聚焦生产力三要素——劳动者、劳动工具与劳动对象，不难发现明显的趋势转变：体力劳动的主体正逐步向知识型劳动者转变；劳动工具也实现了升级，智能化、数字化、信息化乃至虚拟化特征的知识密集型技术设备，取代了传统的土地耕作与机械化生产模式；劳动对象则经历了从传统物质资源及合成品向数据、知识与信息等非物质形态的根本性转变，这一变化深刻体现了生产力发展的新阶段与特征（刘启春，2018）。

在探讨不同经济阶段的生产要素构成时，我们可以细化为：农业时代，核心生产要素囊括了以农民与手工业者为主体的劳动者，他们依托土地与简易工具进行劳作，对象则是农作物与家畜，常以家庭为单位实施精细化耕作。工业时代，劳动者角色转变为工人，其劳动所依凭的资料与对象则深刻烙印着技术革命的印记，如机械化设备与新兴资源，工人在高度组织化的工厂环境中进行专业化分工与协作。信息时代，一系列高新技术如核能、航天、电子计算机及新材料、分子生物、遗传工程等蓬勃发展，引领了生产力的飞跃。此时，精密机械工程师与科技专家成为关键劳动者，电子计算机、尖端科技及高效精密设备构成了新的劳动资料与对象。数字时代，技术创新的主体转变为高技能人才，电子计算机、智能机械及机器人日益成为生产主力军，这些技术革新不仅催生了新的生产要素，还通过科技革命的力量，重构了生产力的结构与秩序，促进了生产方式的根本性变革。在此过程中，生产要素的配置方式不断改进，从农业时代的"土地中心论"，历经工业时代的"资本主导"，到信息时代的"信息至上"，最终迈向数字经济时代的"数据为王"，其中，高素质人才与人工智能的结合，辅以海量数据支撑，共同塑造了数字化的生产力格局。传统农业社会强调人力与自然的直接交互，劳动聚焦于脑力与体力的双重投入，技术、管理与教育等因素尚未充分显现其价值，形成了"土地为王"的生产要素秩序。而在工业社会，机械化生产促使资本成为驱动力量，土地与劳动力退居次席，形成了"资本为王"的新秩序。进入信息社会后，技术、管理智慧及企业家精神等非物质要素在创造财富中的作用日益增强，特别是信息技术的飞速发展，使得"信息为王"的生产要素秩序得以确立。最终，在数字经济背景下，以数据为核心，融合高技能人才与智能技术的创新模式，正引领我们步入一个全新的"数据为王"的时代（于立和王建林，2020）。

重大的科技进步往往触发生产模式的深刻变革，其中数字技术正以席卷全球之势，引领社会生产迈向数字化转型的新纪元，深刻渗透、重塑并变革整个经济体系，催生出数字经济这一崭新经济形态。习近平总书记指出："现在，我们迎来了世界新一轮科技革命和产业变革同我国转变发展方式的历史性交汇期，既面临着千载难逢的历史机遇，又面临着差距拉大的严峻挑战。"随着互联网技术、大数据分析、云计算能力、区块链技术以及人工智能等新兴科技的蓬勃发展，数据、知识及信息已跃升为新时代的劳动对象，而计算机、新一代信息技术及人工智能等则成为推动生产力飞跃的先进要素（劳动资料）。在此背景下，高技能人才的需求激增，其影响力与日俱增，数字生产力逐步成为驱动社会生产关系深刻变革的核心力量。数字经济的发展水平已成为衡量一个国家的国际竞争力强弱的关键指标。依托庞大的数据资源、高速的信息处理能力、顶尖的人才队伍以及前沿的技术创新，数字经济正以惊人的规模和速度蓬勃发展，展现出前所未有的强劲动力与磅礴气势，引领全球经济迈向更加繁荣的未来。

1.2 研究目的与意义

1.2.1 研究目的

以大数据和人工智能为核心的数字技术的发展和应用，正在引起社会生产力的巨大变革，成为新一轮产业革命和社会革命的先导，数字生产力已经逐渐成为研究热点。当前，以数字化为特征的生产力为数字经济发展注入新的要素并提供新动能。因此，将我国现有的在数字生产力领域的典型实践和前沿探索凝练成中国自主数字经济知识体系具有重要意义。本书的具体研究目标如下：总体回答如何"加快形成数字生产力"的问题，从优化数字生产力发展路径、改善数字生产力关系、转变数字生产方式三个层面探索了数字生产力的实践路径，为加快挖掘数字生产力提供了"数据要素"经验储备。此外，以黑龙江省为典型区域为我国数字生产力的发展提供经验借鉴，并为相关部门的战略规划以及政策制定提供参考依据。

1.2.2　研究意义

本书的理论意义：①关于数字生产力重要论述的总结。在以习近平新时代中国特色社会主义思想特别是习近平总书记关于网络强国的重要思想的指引下，系统梳理数字生产力的生成逻辑、主要内容及思想特质，为构建数字生产力解释框架提供总体指导。②数字生产力解释框架。根据数字生产力相关重要论述，形成数字生产力构成要素，并依据构成要素与价值旨归，形成可以直接应用于区域数字生产力挖掘与培育的实现路径。

本书的实践意义：①根据区域数字生产力挖掘与培育的实现路径，结合黑龙江省数字生产力的现实，将一般理论应用于具体实践，指导黑龙江省数字生产力挖掘与培育，赋能黑龙江数字经济"一号工程"建设与"千行百业"数字化转型。②针对黑龙江省当前的数字生产力发展状况与实际应用情况，形成一系列旨在加速数字生产力发展的决策建议，并将这些建议提交给负责数字生产力决策的相关部门，以期将理论研究成果直接转化为生产力，推动黑龙江省的数字经济发展。

本书的社会意义：①通过形成切实可行的数字生产力挖掘与培育路径，使得数字化真正落地生效，让数字化创新成为一种习惯，使得全社会形成加速转型的良性局面。②通过数字生产力的相关研究，进一步普及数字生产力知识，提高各级领导干部与业务人员的数字经济素养。

1.3　研究内容

第一部分，绪论。阐明在当前新一代信息技术不断升级的背景下，数字化发展为生产力发展高效赋能。通过梳理前人的研究来充分认识生产力的理论与实践，并阐述了不同发展阶段生产要素及生产方式的演变趋势，同时提出了数字经济时代生产力发展的新阶段、新特征及其所包含的生产要素的主要内容。在上述基础上，进一步表明本书研究的目的，在理论层面、实践层面和社会层面上论述研究意义，同时从问题选择、学术观点、研究方法、文献资料、话语体系的角度提出本书的创新之处。

第二部分，理论基础。厘清数字生产力的基本概念与核心要义，并对数字生产关系进行界定，阐述数字生产关系的作用机制和基本特征。在数字生产力、数字生产关系、数字生产方式三个层面提出理论基础。为培育与挖掘数字生产力，从黑龙江省的实际情况出发，探索数字生产力的发展路径、优化数字生产关系对策、寻求数字生产方式的实现路径，并为切实提高数字生产力提供基本理论支撑。

第三部分，数字生产力发展现状与典型实践。从黑龙江省的数字生产力、数字生产关系、数字生产方式三个层面出发，并详细从科学技术、数字劳动者、数字劳动资料、数字劳动对象、数据开放、数据流通、数据政策、数字化程度等方面来综合分析黑龙江省数字生产力发展的现状与当前存在的问题，为以后数字生产力优化路径提供现实基础。

第四部分，挖掘与培育数字生产力的对策之一——优化数字生产力发展路径。为促进黑龙江省数字生产力深化发展，从科学技术以及数字生产力构成三要素（即数字劳动者、数字劳动资料、数字劳动对象）着手，针对存在的核心问题，提出黑龙江省数字生产力的发展路径。从推动科学技术发展、加快打造高质量数字人才队伍、夯实数字劳动资料基础设施建设、完善数字劳动对象建设以及推动科学技术在三要素中的深度融入和广泛应用等角度出发为相关部门的战略发展和政策制定提供参考。

第五部分，挖掘与培育数字生产力的对策之二——改善数字生产关系。强调数字生产关系对数字生产力具有能动的反作用，数字生产关系一定要适应数字生产力状况的规律。从牵住黑龙江省数字生产关系的"牛鼻子"、数据流通交易流程与交易技术实现路径、数据流通交易鼓励政策等角度提出优化黑龙江省数字生产关系的对策。

第六部分，挖掘与培育数字生产力的对策之三——转变数字生产方式。强调数字生产方式包括数字生产力和数字生产关系两个方面，是两者的统一，要顺应数字生产方式发展的内在需求，推动三次产业数字化转型发展，进而提高数字生产力。从三次产业数字化转型的角度，详细阐述农业大数据中心、农业产业云（平台）、智慧矿山、智能制造、智慧物流、数字生态、智慧医疗及新零售等方面，提出黑龙江省数字生产方式的实现路径。

1.4 创新之处

在问题选择上，区别于以往研究，本书着眼于系统观念考察数字生产力问题，数字生产力效应发挥存在显著的"木桶原理"，是数字劳动者、数字劳动资料、数字劳动对象共同发挥作用的结果。

在学术观点上，区别于以往研究，本书认为数字生产力效应发挥的主阵地是工业领域，优势是智能制造产业的引进与培育，是牵动黑龙江省全面振兴、全方位振兴的"牛鼻子"。

在研究方法上，区别于以往研究，本书坚持将研究重点放在实地调研与走访上，用脚步去丈量黑龙江，用眼睛去记录数字生产力，使得找到问题"病根"、对策"药到病除"。

在文献资料上，区别于以往研究，本书基本文献资料来源于团队前期的积累，尤其是黑龙江省数字生产力相关数据与案例，均来源于团队针对黑龙江省数字生产力发展动态展开的长期跟踪调研与案例挖掘。

在话语体系上。区别于以往研究，本书基于习近平总书记新质生产力以及数字中国重要论述整理，基于中国数字经济的超前探索与典型实践，形成了具有中国特色的数字生产力研究话语体系。

2 理论基础

2.1 数字生产力

生产力的演进历程，历经了从农业社会依赖人力、畜力与土地，跨越至工业时代以资本、机器及技术为核心，直至当今智能数字化时代，信息、知识、人才与大数据成为驱动力的新纪元。在这一过程中，生产力始终在先进力量不断取代落后生产力的矛盾运动中实现飞跃。尤其是在数字经济浪潮的推动下，生产力的提升并非平稳匀速，而是展现出一种加速发展的态势。步入数字经济时代，一系列法则如梅特卡夫效应、摩尔定律及达维多定律等，共同塑造了经济增长的新面貌，其特征鲜明：迅捷性凸显、边际收益呈现递增趋势、网络外部性增强，以及膨胀性显著。在此背景下，数字平台依托新一代智能信息技术的赋能，借助海量数据资源以及用户规模的爆炸式增长，更加高效地促进社会生产力发展。如今，国民经济的数字化转型已经成为各国重要的经济发展战略，发展数字经济也成为当前全球经济振兴的首要选择。面对数字经济大潮涌来，我们更需要探究推动其成长的力量——数字生产力。什么是数字生产力？数字生产力的构成是怎样的？数字生产力的性质和特点是什么？需要对这些问题做出科学解释，从而为数字经济实践提供理论指导。

2.1.1　数字生产力的核心要义

在人类社会发展的宏伟蓝图中，数字时代紧随农业时代、工业时代及传统信息时代之后，开启了一个全新的历史阶段。这一阶段标志着技术革命的竞争已深化为领导地位的激烈角逐。2014 年，习近平总书记在中央网络安全和信息化领导小组第一次会议讲话中指出，信息资源日益成为重要生产要素和社会财富，信息掌握的多寡成为国际软实力和竞争力的重要标志。

随着全球范围内对数字资产依赖性的日益增强，国家间的竞争焦点悄然转变，由过往的资本积累与劳动力优势，转向了数据资产这一新兴领域。数据作为一种革命性的生产要素，凭借其可复制性、共享性、无限供给与使用的潜力，以及持续增长的能力，正逐步成为推动生产力进步的核心引擎，引领数字生产力以惊人的速度发展，成为当代最为先进的生产力形态。数字生产力通过深度挖掘数据要素的价值，不仅极大地提升了人类创造社会财富的效率与能力，还深刻改变了人们的生活方式，为经济发展质量的提升注入了强劲动力，正逐步成为驱动经济转型升级的关键力量，并在国际地位与影响力的竞争中扮演着越发重要的角色，成为各国竞相追逐的新力量。

数字生产力的发展是顺应大数据时代背景下生产力变革的浪潮而逐步构建并深化的，突出鲜明的时代特色。其论述精准捕捉了数字生产力迅猛增长的时代脉搏，彰显了高度的前瞻性与时代契合度。随着新一代信息技术的日新月异，数字化信息正以前所未有的广度和深度融入物质生产的各个环节，激发出强大的生产力潜能。信息技术的加速迭代与不断创新，越发凸显了数据背后蕴藏的巨大生产力价值，这已成为大数据时代不可逆转的发展规律。2015 年习近平主席在致国际教育信息化大会的贺信中曾指出："当今世界，科技进步日新月异，互联网、云计算、大数据等现代信息技术深刻改变着人类的思维、生产、生活、学习方式，深刻展示了世界发展的前景。"在此背景下，习近平总书记立足时代发展前沿，紧密把握时代脉搏，就数字技术的发展发表了一系列具有里程碑意义的论述。这些论述不仅是对数字生产力蓬勃发展态势的深刻洞察，更是对其理论层面的积极回应与科学指导。

　　古希腊哲学家毕达哥拉斯秉持着"数"乃是万物之本，是事物存在之原则，进而提出了"万物都是数"的哲学思想（罗素，2018）。时至今日，随着信息技术的日新月异，毕达哥拉斯的这一见解在某种意义上已成为大数据时代"万物都是数""一切皆可量化"的生动诠释。当前，以二进制体系中的"0"与"1"为载体的数字化信息正经历着前所未有的爆发式增长，这股力量正深刻重塑着人类的物质生产领域，引领着生产力实现新一轮的飞跃性变革。在此背景下，习近平总书记高瞻远瞩，针对生产力发展过程中涌现的新现象、新问题、新挑战及其实践探索给予了全面而深刻的理论回应与阐述。系统梳理、深入阐发并科学研究习近平总书记关于生产力的重要论述，不仅有助于我们准确把握其科学精髓与理论特质，更对推动新时代数字生产力的蓬勃发展具有重要的理论指导意义与实践应用价值。

　　自党的十八大召开以来，敏锐洞察大数据时代的浪潮，深思熟虑、周密部署、前瞻性地构建了大数据与数字经济发展的宏伟蓝图，陆续发布并实施了多项战略规划与政策措施。党的十八届五中全会将"网络强国"与"互联网+"纳入国家战略体系，并开创性地提出了"国家大数据战略"的构想。党的十九届五中全会进一步擘画了"数字中国"的建设蓝图，旨在塑造数字经济的新优势，为新时代数字生产力的飞跃性发展设定方向。党的二十大报告不仅确立了全面建成社会主义现代化强国、以中国式现代化路径实现中华民族伟大复兴的宏伟蓝图，还特别强调了加速网络强国与数字中国建设、促进数字经济高速发展的紧迫性。2020 年 4 月，《中共中央　国务院关于构建更加完善的要素市场化配置体制机制的意见》正式将数据确立为与劳动力、资本、土地、技术同等重要的生产要素，深刻揭示了数据资源的独特价值——非排他性特征，使得数据资源得以跨领域共享，不仅不损耗其使用价值，反而为共享经济与平台经济的繁荣奠定了坚实的基础。2023 年 2 月，中共中央、国务院联合印发了《数字中国建设整体布局规划》，该规划明确提出，到 2025 年，基本形成横向打通、纵向贯通、协调有力的一体化推进格局，数字中国建设取得重大成就。到 2035 年，数字化发展水平进入世界前列，数字中国建设取得重大成就。这一系列生动实践，为数字生产力重要论述的孕育与发展提供了最为直接的实践基础，更是其深刻总结与理论升华的直接源泉。可以说，习近平同志关于数字生产力的论述，是对新时代数字生产力蓬勃发展实践的精准提炼与理论升华。

基于当前社会生产力发展要求和数字技术赋能潜力，本书提炼出数字生产力的核心要义：数据蕴含着巨大生产力。马克思指出，"生产力，即生产能力及其要素的发展《资本论（第三卷）》"。由此得出，生产力的范畴亦涵盖"要素的发展"。随着要素的持续发展，生产力的内涵得以不断延展与深化。步入大数据时代，数据已跃升为人们探索新知识、创造新价值的源泉。依托"大数据—知识—能力"的转化机制，这些新知识与价值深度融合于物质生产的全过程，驱动现代生产力实现质的飞跃，数据已成为现代生产力进步的核心驱动力与不可或缺的生产要素。2013 年 7 月 17 日，习近平总书记到中国科学院视察工作并发表了重要讲话，他在讲话中指出，"浩瀚的数据海洋就如同工业社会的石油资源，蕴含着巨大的生产力和商机，谁掌握了大数据技术，谁就掌握了发展的资源和主动权"。在互联网经济时代，数据是新的生产要素，是基础性资源和战略性资源，也是重要生产力。党的十九届四中全会首次将数据增列为生产要素。中共中央、国务院印发的《关于构建更加完善的要素市场化配置体制机制的意见》将数据列为五大核心要素之一。

2.1.2　数字生产力的界定

马克思在《德意志意识形态》一书中，率先赋予了生产力概念以科学的界定，并详细剖析了其构成要素，视生产力为推动社会发展的根本驱动力。作为社会生产的实质性内容，生产力不仅是社会进步的物质基石，更是人类在劳动过程中利用自然并改造自然，以满足自身需求的客观物质能力。从根本上说，人类历史的演进轨迹深深烙印着生产力发展的印记。生产力，这一客观存在的物质力量，其发展与变革不以个人意志所掌控，是历史累积与实践活动的必然结构。每一历史阶段的生产力水平，都是前人实践探索的结晶，并为后续的社会活动提供了坚实的基础。从农耕文明的萌芽到现代文明的崛起，从农业社会的传统框架迈向工业社会的现代化进程，这一系列的变迁均源自生产力的不断跃升。人类社会发展的历程，实质上是一部生动的生产力发展史。正如列宁所深刻指出的那样："人类社会的发展也是由物质力量即生产力的发展所决定的。"

数字生产力（Digital Productive Force）作为一种新兴的生产力，其核心在于通过深度融合数字技术与其他生产要素，创造出契合社会需求的物质与非物质产品，进而驱动国民经济的蓬勃发展。这一概念体现了人类将数字技术巧妙融入国民经济活动的能力，为数字经济注入了不可或缺的生产要素与强劲的发展势能（何玉长和王伟，2021）。在本书的研究视角下，数字生产力被视为劳动生产过程中，人们依托数据资源，通过改造自然以满足人类需求的客观物质能力。作为现代信息科技进步的结晶，数字技术构成了数字生产力的核心表现形式，其体系以大数据为基础，涵盖互联网、云计算、移动通信、区块链、3D打印、人工智能等尖端技术及其配套硬件设备。数字技术的诞生，是信息科学响应经济社会需求而进行的创新性成果，其应用不仅标志着人类生产力的又一次飞跃，更使得信息科学由间接推动生产力发展的角色，转变为数字技术直接应用于生产实践中的强大动力。这种转变不仅催生了数字产业的蓬勃兴起，引领其成为经济增长的新引擎，还促进了数字技术与传统农业、工业、服务业等实体经济的深度融合，推动了这些领域的全面数字化转型升级。因此，数字生产力已成为当前驱动国民经济增长与社会进步的核心力量，其广泛应用不仅极大地丰富了生产力的内涵，更为人类社会带来了前所未有的发展机遇并增进了福祉，彰显出数字技术作为新兴应用技术的无限潜力与价值。

2.1.3 数字生产力的构成

2.1.3.1 科学技术

生产力的三大核心要素——劳动者、劳动资源和劳动对象，既相互独立又紧密关联，其中劳动者占据核心位置，发挥着引领性的关键作用。这三者通过社会细致分工、协同合作及高效经济管理等多重机制，依循特定架构整合为生产力体系，共同展现其整体效能。就提升生产力水平的角度而言，科学技术同样被视为不可或缺的一部分，正如马克思所强调的，"生产力中也包括科学"。科学技术能够深度融合于生产过程中，渗透至生产力的每个基本要素，进而转化为现实的生产效能。其创新与应用深刻改变了劳动者的专业素养、劳动工具的先进性以及劳动对象的性质，极大地推动了社会生产力的飞跃。数字生产力的兴起，以其"万物皆可数"的独特属性，加速了其在各个领域的广泛渗透，为数字经济的发展注入了强劲动力。这一观点与马克思关于生产力构成的深刻洞察相呼应："劳动生产力是由多种情况决定的，其中包括：工人的平均熟练程度，科学的发展水平和它在工艺上应用的程度，生产过程的社会结合，生产资料的规模和效能，以及自然条件《资本论（第一卷）》。"

社会经济发展的核心驱动力在于社会生产力，而科学技术则是这一进程中的关键加速器，其创新成果如同潮涌般不断推动生产力向前迈进。当前，数字生产力已跃升为驱动国民经济增长与社会进步的核心要素。数字技术，作为一股新兴的技术力量，不仅实现了信息科学从间接生产力到直接生产力的转化，更为人类社会带来了前所未有的繁荣与福祉。

数字生产力的蓬勃发展，是以科学技术的持续进步为引领的。回顾人类科学史与经济史的发展长河，科技创新始终是推动生产力跃升的不竭源泉。科学技术作为先进生产力的代表，其数字化形态——先进的数字生产力，正以前所未有的速度重塑着我们的世界。正如李斯特所洞察的那样："科学与工业结合以后产生一种巨大的物质力量……这就是机械力量"（李斯特，1997）。这一力量，正是数字生产力在科技进步驱动下，不断创造新价值、推动社会进步的生动写照。

科技进步是知识化生产力的核心体现。它源自人类对自然界深刻认知的累积，根植于劳动实践与科学探索。作为生产力的重要组成部分，科技并非孤立存在，而是通过渗透并强化其他生产要素赋予其更高的科技附加值，从而展现出一种综合性的提升效应。在传统生产力三要素的基础上，数字技术作为一股新兴力量，正逐步融入并重塑生产力的格局。具体而言，科技对劳动者的赋能，显著提升了其科技素养与专业技能；将科技融入劳动资料之中，促进了生产工具与设备的智能化升级，增强了生产资料的效率与效能；而当科技渗透至劳动对象，不仅拓宽了资源利用的范围，还深化了资源开发的层次。这一系列融合过程，共同推动了生产效率的飞跃式提升，有效降低了生产成本，并使得生产成果更加精准地对接社会需求，实现了社会效益与经济效益的双重增进。

数字化生产力是数字化生产要素的深度融合，它源于数字技术的广泛应用，并转化为强大的生产能力，其核心构成包括数字劳动者、数字技术以及这些技术所具体化的智能化生产设备。数字化生产力并非简单地将数字技术叠加于传统生产力的三要素之上，也非独立于这些要素之外的全新范畴，而是作为一种渗透性要素，深度融合于生产力结构的各个环节，通过赋能与改造，实现生产力整体的飞跃与升级。这一过程不仅强化了生产力的内在动能，还促进了生产力体系的全面革新与优化。

2.1.3.2 数字生产力

推动生产力持续进步的核心驱动力，源自人类永无止境的需求增长及对潜能的深度挖掘。激发并优化人的主观能动性，构成了促进生产力飞跃的最根本且高效的路径。在生产力演进的历程中，劳动力始终扮演着原动力的角色，从狩猎农耕的初始形态，历经工业革命的机械化浪潮，直至现今数字技术的全面驱动，劳动者不断追求并采纳更为先进的生产技术与手段，创新生产资料，满足日益增长的物质与精神需求，并引领社会生产力的蓬勃发展与生产模式的深刻变革。生产力的发展本质上是一个不断进化、动态前行的过程，它遵循着由低级向高级的演进规律。每一种生产力形态，都是过往实践活动累积的成果，是历史与现实的产物，既体现了当前的技术水平，也预示着未来的发展方向。

马克思主义深刻剖析了生产力的本质及其构成要素，为理解生产力提供了科学的框架。在马克思的理论体系中，生产力被定义为人类利用并改造自然界的能力，它不仅是人与自然互动的核心体现，还决定了生产关系乃至整个社会的生产方式。人类社会活动的基础在于物质资料的生产过程，这一过程涉及劳动者运用劳动工具（即劳动资料）针对特定劳动对象进行劳动，创造满足需求的产品。劳动过程的基本要素精简为三项：具有明确目标的劳动活动本身、劳动对象以及劳动资料，共同构成了生产力的核心"三要素"。生产力不仅映射了人与自然之间的相互作用，还进一步决定了在此基础上形成的社会生产关系。无论生产的社会组织形式如何变迁，劳动者与生产资料始终是构成生产的必要条件，但只有当两者有效结合时，它们才能转化为真正的生产要素，推动生产活动的进行。将生产力置于市场经济环境下，生产力与生产要素在某种程度上可视为是等值的，但生产力的范畴更为广泛，它涵盖了任何社会形态下人类通过劳动创造价值的总体能力。因此，生产力不仅是生产要素的简单集合，更是社会进步与经济发展的根本驱动力。

在任何经济形态下，均离不开特定生产要素的支撑与驱动。这些生产要素展现出整体性、系统性、动态性及开放性的特征，且因生产力水平的差异，其系统构成亦不尽相同。随着经济结构趋向复杂化，生产要素的种类已从传统的土地、劳动力、资本及技术，扩展至数据、平台、虚拟空间等新兴要素，这些要素以多样化的组合形式不断演变，在动态平衡中促进整体发展。在生产的实践中，各生产要素需实现有机融合与协调共进，其相互间的比例配置与结合模式直接关乎生产力的效能与增长速率。具体而言，生产过程中各类生产要素依据特定比例与方式相互联结，构成独特的生产要素结构框架，即便在要素种类与总量相当的情况下，不同的结构配置亦能导致截然不同的生产效率与生产力效果。因此，生产力水平的决定因素不仅在于生产要素的数量与质量，更深刻地体现在其结构与秩序的安排上。生产要素秩序实质上是指各生产要素在共同作用于生产过程时所扮演的角色及其相互间层级的重要性。当主导性生产要素发生更迭，或将引发生产要素秩序的根本性演进。这种演进可能源于技术革新带来的生产要素相对重要性的改变，也可能是新型生产要素的引入与开发所触发的连锁反应。

数字生产力的核心要素涵盖数字化的劳动力主体、数字劳动资料以及数字劳动对象。借助数字技术的深度应用，数据被赋予活力成为驱动生产要素转型的关键，从而催生了数字生产力这一革命性的人类能力，用于生产并创造社会财富。数字生产力的首要标志在于，随着经济社会结构、供需格局以及社会生产力的演进，数据已跃升为一种新兴且核心的生产要素。利用先进的数字技术，如人工智能、算法等，对海量数据进行深度挖掘与处理，进而将数据价值注入其他生产要素之中，促使生产过程全面数字化，开辟了经济增长与社会财富创造的新路径。显然，数字生产力的崛起引领了生产方式的深刻变革，彰显了新一轮产业革命与经济社会发展浪潮的时代烙印。这一变革是生产力三要素——劳动者、劳动资料与劳动对象的数字化，是数字技术与生产力各要素深度融合、共同作用于数字化劳动实践的过程。在劳动实践中，数字生产力的应用展现为数字技术与劳动者、劳动资料及劳动对象三者间的高效融合，促进了新型数字化劳动模式的形成与价值创造的飞跃。数字生产力的广泛渗透催生了数字农业、数字工业与数字服务业的蓬勃发展，数字生产力的发展不仅是经济增长的重要引擎，也是国际竞争格局中决定性的力量所在。

2.1.3.3　数字劳动者

数字生产力的核心构成是数字劳动者，其作为主体要素，在融入生产过程时，被赋予了独特的数字化劳动技能。劳动者作为生产力中最活跃的因素，一旦掌握数字技术，其生产劳动技能将得到显著提升。如果缺乏数字劳动者对其他生产要素的主动整合，这些要素将仅为一堆无生命力的物质。具备数字技术的劳动者，能够进一步推动生产工具的数字化升级，即实现数字技术向劳动资料的赋能，促使劳动资料与劳动对象在数字化层面实现高效结合，从而创造出全新的劳动产品。数字劳动者所从事的劳动，是运用数字技术进行的数字化劳动，这种劳动主要归属于脑力劳动和复杂劳动的范畴。相较于传统劳动模式，数字化劳动在相同的劳动时间内，能够驱动更大规模的物质要素运转，进而实现劳动生产率的显著提升。

数字生产力的主体力量是那些既掌握数字技术又具备数字技能的劳动者。他们不仅拥有数字技术的知识素养和应用能力，还能够进行数字技术和设备的研发工作，同时在实际操作中控制和维护这些技术和设备。在数字化生产经营的平台和网络系统上，数字劳动者活跃于数字产品和服务的创造与交易活动中。数字劳动者所具备的这些技能，主要来源于系统的专业学习和职业培训，而这些学习与培训的费用，则构成了劳动力价值的重要组成部分。

在数字经济背景下，掌握数字技术的劳动者构成了数字劳动的核心主体，同时也是推动数字生产力应用与经济增长的关键因素。要成为数字化劳动力的一员，劳动者必须经过专门的学习和培训，以掌握必要的数字劳动技能。为此应采取两项主要策略：一是借助各类高等院校和职业技术学校的教育资源，培养高层次、专业化的数字劳动力；二是通过在数字劳动实践中的实际操作与锻炼，培育出熟练的数字劳动力。数字劳动力通常属于数字专业领域的复杂劳动者，但这并不排除其中也包含一定层次的简单劳动力。数字化劳动力具有鲜明的层次性特征，涵盖了从数字技术研发、数字产品开发、数字设备研制和运行控制，到数字生产运营管理的高端劳动力；同时也包括数字生产设备的使用和维护人员、数字产品售后服务维护人员，以及数字劳动管理的专业劳动力。此外，还有在数字化生产流程或流水线上从事辅助性工作的简单劳动力，如快递服务的"骑手"、共享单车的清运工等。因此，数字化劳动力的多层次性也相应地决定了数字劳动力市场的多元化特征。

在数字经济条件下，劳动者队伍的结构发生了显著变化。传统型劳动者已难以适应数字生产力的发展要求。随着数字技术劳动者和白领阶层规模的扩大，劳动力结构呈现出高端化、年轻化的趋势，而传统的低端体能型中老年劳动力则逐渐被"挤出"劳动力市场。与此同时，需要经过专门学习和专业训练的数字劳动者数量不断增加，而普通劳动者则逐渐在企业中失去位置。数字要素对劳动力要素的替代趋势日益明显，这导致劳动队伍结构进一步高端化，并引发了就业市场对低端劳动力的"挤出效应"。

数字劳动者所从事的工作打破了时空的限制。相较于传统劳动工作者被束缚于固定的劳动场所和时间，数字劳动者的工作与休闲时间界限变得相对模糊，工作场所也不再局限于特定地点。因此，数字劳动在一定程度上实现了对时空约束的突破。数字生产力的发展也极大地改变了劳动者的就业结构和方式。传统的雇佣关系正逐步转变为劳动者与平台之间的商业合作关系（孙蚌珠和石先梅，2021），这一转变将深刻影响就业形态和社会保障缴费模式等多个方面。劳动力结构呈现出高端化、年轻化的趋势，要求劳动者必须经过专门的学习和专业训练以适应这一变化。数字生产力对劳动力结构的影响将越发显著，并且随着数字化、网络化、智能化的持续推进，将进一步推动劳动力结构的高端化，并导致就业市场对低端劳动力产生"挤出效应"。因此，劳动者必须不断提升自身技能，以适应新的生产力发展，从而在新型生产关系的调整中争取到更多的主动权。

2.1.3.4　数字劳动资料

劳动资料亦称劳动手段，是劳动者在劳动过程中用来改变和影响劳动对象的一切物质资料的总和，它扮演着劳动者与劳动对象之间媒介的角色。在这些劳动资料中，生产工具占据核心地位。生产工具又称劳动工具，是人们在生产过程中用来直接对劳动对象进行加工的物件，是生产力性质和发展水平的标志，也是划分不同经济时代的重要依据。根据所使用的生产工具的不同，人类历史上的生产力发展可以划分为多个阶段，如石器时代、铜器时代、铁器时代、蒸汽时代、电气时代，以及当前的电子信息时代等。随着生产力的不断进步，社会的发展也必然持续前行。

数字技术，这一以大数据为基础的技术体系，涵盖了互联网、云计算、区块链、3D 打印、人工智能等多种技术的综合运用。同时，数字技术也是数字经济的基石。数字技术是数字生产力在社会发展中催动着经济结构不断优化、产业结构不断调整的核心要素。随着数字技术在生产要素上的创新和应用，一种标志着生产力升级发展的数字生产力应运而生。因此，可以认为数字技术是数字生产力的核心所在。

技术体系指的是某一时期内所有技术的集合，它体现了该时期人类的技术水平，因此，技术体系的层次可以作为衡量人类进步的一个重要指标。在长期积累与各自发展的基础上，大数据、移动互联网、物联网、云计算、区块链、人工智能等新信息技术日益融合、相辅相成，共同构成了大数据技术体系。从数字技术体系的视角来看，大数据作为其基础，贯穿于整个数字技术体系之中。大数据以"比特"为基本构成单元，比特可视为数字技术与数字生产力的"细胞"。在数字技术体系中，互联网扮演着数据流通的载体角色，而现代计算系统与云计算则成为数据分析的核心工具，它们的工作核心在于处理数据。通过对数据进行采集与分析处理，我们才能洞察经济运行的趋势与规律。没有互联网和计算机的支持，数据无法有效集成，也就无法转化为生产要素。同时，互联网与移动通信又为大数据提供了源源不断的数据资源。数据作为数字资产，已成为数字经济的主要生产要素，为整个数字经济提供支撑。互联网能够迅速将分散的生产要素汇聚成庞大的生产资源，它带来的主要是供需对接的效率革命。同时，数据也为人工智能提供了基础技术，人工智能在各领域的应用使得劳动者得以从物质工具的束缚中解脱出来。大数据、计算机与互联网的协同作用，为生产组织提供了即时且真实的市场信号，使得市场供求能够得到合理预测，供需两端通过数据化实现快速匹配，从而高效率地配置生产要素和组织企业生产，实现产供销的一体化以及生产与消费的有机衔接。

在数字经济浪潮中，数字技术无疑扮演着先进生产力的标志性角色。各种经济时代的区别，不在于生产什么，而在于怎样生产，用什么劳动资料生产（马克思，1975）。生产工具被视为社会生产力进步的关键标志，正因如此，马克思和恩格斯在《马克思恩格斯选集（第一卷）》中进一步阐述："手推磨产生的是封建主的社会，蒸汽磨产生的是工业资本家的社会。"数字技术正是数字经济时代先进生产力的代表。数字生产力的出现，标志着人类生产能力实现了前所未有的飞跃，进一步推动并发展了社会生产力。一方面，数字生产力的应用革新了劳动者与劳动资料的结合模式。大数据和互联网平台的广泛运用，使得劳动过程中劳动者与劳动资料的结合方式变得网络化、平台化。这一变革不仅加速了资源配置，还极大地扩展了劳动者的劳动边界，显著增加了劳动者操控生产要素的规模，并提升了劳动产出的效率。另一方面，数字生产力的应用显著减少了体能劳动的比重，传统体力密集型劳动逐渐被数字化、智能化的新型劳动方式所取代。云计算和现代计算系统所具备的数字处理能力远超传统时代的人工计算和早期单一计算机。同时，人工智能的研发与应用，如机器学习、智能控制等功能，部分替代了人脑的部分功能。机器人的使用更使人类摆脱繁重、危险、枯燥重复的工作环境，从而极大地提高劳动生产率。

2.1.3.5 数字劳动对象

劳动对象指的是劳动者在劳动过程中所加工的对象，这涵盖了自然界的现存物以及经过人类劳动加工的物质资料。数据要素之所以显著区别于其他劳动对象，主要是其具有可复制性和可共享性的独特属性。例如，大数据的应用降低了信息搜寻的成本，物联网的应用则减少了物流运输的成本，而人工智能的应用更是降低了生产监督的成本。特别是数字资源的重复使用，能够极大地扩大生产规模，并显著降低边际成本，甚至使边际成本趋近于零。因此，数据已成为一种新的生产要素，在产业链条中扮演着基础产品或中间产品的角色，并构成生产成本的一部分。至于其他自然物，它们作为劳动对象，与传统劳动对象并无本质上的差异。综上，数字技术的应用极大地扩展了劳动对象的广度和深度，同时也极大地扩大了人类掌控和应用劳动对象的规模。

在数字生产力的构架下，劳动对象这一核心要素呈现出全新的面貌。传统上，劳动对象指的是那些直接接受人类劳动改造的实体，如土地、原材料及辅助材料等。步入数字经济的新纪元，数据悄然崛起，成为新型生产要素，成了数据劳动对象的重要组成部分。值得注意的是，数据并非自然存在的物质，而是源于人类智慧的结晶，经由劳动加工而成，对产业链下游而言，相当于传统经济中的原材料和中间产品。从本质上讲，数据作为劳动要素，在生产资源的角色中，对产业价值的创造发挥着核心作用。实质上，数据要素不仅作为劳动对象存在，更是数字经济的核心生产要素。时至今日，"无数据，不经济"已成为共识。无论是数据收集、数据分析、数据集成、数据处理，还是数据库、商业软件等应用形式，都已成为劳动产品生产的加工对象，进一步转化为产业链上的中间产品或初级产品。在这一过程中，劳动者巧妙地将数据这一无形资产与实体资源相结合，在创造新价值的过程中发挥了不可替代的作用。同时，数字技术的融入极大地扩展了劳动对象的边界与维度。

通过数字技术与传统技术的融合，催生出新型材料，发掘出可再生能源，从而丰富了劳动对象的种类。由于大数据和人工智能的应用，过去人力难以触及的宏观领域，如太空、深海、地下的自然资源，也得到了有效开发。此外，随着互联网技术的普及，催生了数字医疗健康、数字教育培训、数字旅游、智能厨房等新兴行业。这些行业将数字服务劳动、劳动资料与劳动对象紧密相连，实现了生产和消费的高度融合。

劳动对象是人类劳动指向的物质实体，通常指森林、矿藏、农田及农作物等有形物质。随着社会历史的演进，劳动的对象范畴不断扩展，新兴的核心资源逐渐显现出对时代的深远影响。如今，数字化浪潮已然定义了当代社会的特性，数据不仅是新兴的生产要素，也扮演着新型劳动对象的角色。数据并非自然生成，而是人类在劳动、生产和社交活动中产生的。数据本身并不具备价值，仅当其被广泛应用于分析、挖掘和处理时，方能显现出应有的作用。实际上，数据作为一种劳动投入，通过加工、解析、利用以及预测性分析，在制造业、服务业乃至整个商业体系中发挥价值，为社会经济注入活力。数字生产力的崛起，促使数据资源深度渗透至经济体系的各个层面，数据不仅成为劳动生产的处理对象，还成为产业链中关键的中间品，与传统生产要素逐渐融合，共同推动劳动过程中的价值创新。数字生产力的推动使数据资源广泛应用于经济社会的各个领域，与其他生产要素，在劳动生产过程中创造出新的价值。

数字生产力通过影响人类劳动并赋能产业来释放其潜能。数字技术以多样化的软件和硬件形态，直接渗透至国民经济活动中，不仅催生了数字产业的崛起，还通过"数字+"等模式与各行业深度融合，推动产业升级。当这些技术在国民经济中得到应用时，它们便转化为直接的生产力。实质上，数字生产力在产业中的应用，就是数字技术赋能产业的过程。相较于传统生产力，数字生产力展现出独特的性质。作为大数据的基本构成单元，比特（Bit）构成了数字技术的微观基础，数字生产力和数字技术的应用本质上均体现为比特的运动。然而，比特终究是虚拟的数据符号，它能映射却无法替代实体经济的物质要素，即便是数字技术的硬件载体，也依然依赖于物质要素。物质世界中原子的运动是社会经济活动的根本基础，数字生产力是数字技术与实体要素的融合体，并最终服务于实体经济。比特无法取代原子，比特的运动本质上服务于实体经济的原子运动。因此，数字生产力的应用实则是比特与原子有机结合的动态过程。

现代信息科学作为一门新兴的科技领域，在第一产业、第二产业和第三产业的全面应用与深度融合，势必会引发三次产业中劳动者技能、劳动资料以及劳动对象等生产力要素的深刻变革，进而催生三次产业的数字生产力。当现代信息科学深度融入并与三次产业紧密结合时，它促使三次产业的劳动者技能、劳动对象和劳动资料发生显著转变，从而孕育出三次产业的数字生产力。本书将三次产业的数字生产力定义为：现代信息科学通过渗透并融合三次产业生产力的三大核心要素——劳动者、劳动资料和劳动对象，即实现生产力三要素"三位一体"的数字化转型，所形成的对传统三次产业进行改造与升级、提升三次产业生产力的能力。

随着社会分工的不断深化以及现代信息科学的持续演进，数字生产力的三大核心要素逐渐从社会分工体系中独立出来，形成了数字劳动者、数字劳动资料以及数字劳动对象。现代信息科学的发展为数字劳动者的培养提供了有力支持，这些数字劳动者利用现代信息科学在工艺技术上的应用，创造出了数字劳动资料。同时，他们挖掘物理世界中所映射的数据要素，进而生成了数据劳动对象。在数字生产力形成的基础之上，数字生产力与传统生产力实现了数实融合，为三次产业数字化生产力的形成提供了强大动力。从微观层面来看，数字生产力体现在数字技术与传统生产要素的紧密结合上，这种结合在数字化劳动过程中带来了更高的经济效率和更大的经济效益。而从宏观层面来看，数字生产力则体现在数字技术与国民经济各产业的深度融合上，它推动了数字农业、数字工业和数字服务业的创新发展，使得数字经济成为国民经济的新增长点，并有望在未来经济振兴中发挥重要作用。以农业为例，数字农业劳动者是指那些利用数字技术从事农（林、牧、渔）业生产经营活动的社会成员。他们通过掌握和应用各种数字技术，不断提升自身从事农业生产劳动的技能水平。数字农业劳动资料则是指那些通过数字技术改造和升级后，具有数字化、智能化功能的网络设施、机器设备和农业生产工具。数字农业劳动者通过使用这些智能化的农业机器设备和生产工具，有效提升了农业生产效率。而数字农业劳动对象则是指将数字技术应用到传统农业劳动对象（如土地、动植物等）上所形成的新型农业劳动对象。例如，耳朵上戴着芯片的奶牛就是数字农业劳动对象的一个典型代表。与传统农业劳动对象相比，它们并无本质差别，但随着数字技术在农业领域的应用不断深入，传统农业劳动对象的广度和深度得到了大幅提升，人类掌控和应用农业劳动对象的规模也不断拓展（何玉长和王伟，2021），进而推动了农业产业价值的提升。数字农业劳动者通过将数字农业劳动资料作用于数字农业劳动对象上，不断推动农业生产力的发展，进而形成了强大的数字农业生产力。数字生产力赋能三次产业微观机制如图 2-1 所示。

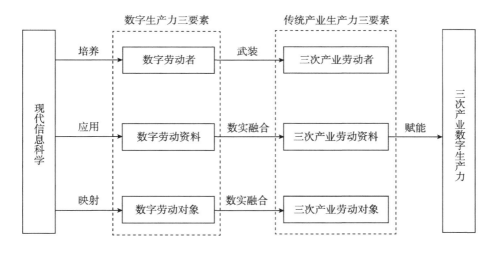

图 2-1　数字生产力赋能三次产业微观机制

2.1.4　数字生产力的发展路径

在数字经济发展背景下，我们要明确数字生产力的战略地位，从尖端技术研发、信息基建强化、人才梯队建设、个人隐私及数据安全保障等多个维度，精心规划数字生产力发展蓝图与前瞻路径。具体而言，在尖端技术探索层面要加速新一代信息技术与大数据体系的创新步伐与应用深化；在信息基础设施的构筑上需优化升级信息基础设施网络，打破数据壁垒，构建一体化数据共享平台与全国性信息资源互通体系；在人才战略部署上要构建覆盖广泛、类型多样的大数据专业人才梯队；在数据安全与个人隐私保护方面要坚决维护国家数据安全与公民个人数据隐私权益。对于新时代的发展需注重从全局性、整体性和系统性方面把握和谋划新时代数字生产力发展态势。

秉持"重点论"原则，精准定位数字生产力发展的关键驱动点。2015 年1 月 23 日，习近平总书记在主持中共十八届中央政治局第二十次集体学习时强调："在任何工作中，我们既要讲两点论，又要讲重点论，没有主次，不加区别，眉毛胡子一把抓，是做不好工作的。"针对数字生产力的发展，他特别强调，在新时代背景下，"要紧紧牵住核心技术自主创新这个'牛鼻子'"，"集中优势资源突破大数据核心技术"，发挥出带动性很强的"头雁效应"，通过关键领域的重点突破，牵引并促进整体发展的加速，最终实现数字生产力的全面跃升与质变。

秉持"系统论"，着重倡导协同驱动数字生产力的全面发展。2019 年，习近平总书记在《求是》杂志上发表的《深入理解新发展理念》中提出，"坚持创新发展，既要坚持全面系统的观点，又要抓住关键，以重要领域和关键环节的突破带动全局"。具体而言，在认识和考察各项问题时，应秉持全局性视角与系统化思维模式，既要精准捕捉问题的核心矛盾及其主要面向，又要以关联性的视角审视事物演进的各个层面，实现各要素与子系统间的协调并进，从而全方位促进事物的整体进步。基于此，为推动数字经济时代下生产力的快速增长，习近平总书记运用系统论思维从人才培养体系的优化、制度机制的建立健全、新型基础设施的加速布局，以及安全保障体系的完善等多个战略维度出发，为新时代我国数字生产力的蓬勃发展绘制了全局性、前瞻性的战略蓝图。

2.2　数字生产关系

2.2.1　数字生产关系的界定

社会生产方式的构建，源自生产力和生产关系的辩证统一，两者互为依存。生产力的性质从根本上界定了生产关系的形态，同时，生产力的进步也引领着生产关系的变革与发展。换言之，生产力的状况直接对应着特定的生产关系形态。生产力和生产关系之间的矛盾运动，是推动人类社会不断前进与发展的根本动力。在生产物质资料的过程中，人们会形成特定的社会关系，这种关系即生产关系，它是生产力各要素相结合的社会表现形式，生产关系在所有社会关系中具有基础性地位，既体现了人们之间的物质利益关系，又决定着政治、文化等其他社会关系。这些生产关系的总和构成了社会的经济结构，为法律和政治的上层建筑提供了现实基础，并与社会意识形态相适应，即生产方式的社会形态。马克思在 1859 年出版的《政治经济学批判》一书中指出，人们在自己生活的社会生产中会发生一定的、必然的、不以他们的意志为转移的关系，即同他们的物质生产力的一定发展阶段相适合的生产关系。在阶级社会中，生产关系具体表现为阶级关系，每个人都处于特定的阶级关系之中。通过考察生产力和交往形式的关系、交往形式和国家的关系，我们可以得出结论：一切历史冲突的根本都源自生产力和交往形式之间的矛盾。在《〈政治经济学批判〉导言》中，马克思深入分析了物质生产中的生产、分配、交换和消费四个环节之间的关系，他认为它们共同构成了一个有机的整体。这表明，生产关系不仅体现在生产过程中，还贯穿于生产、分配、交换和消费等各个环节中。

2.2.2 数字生产关系的基本要素

生产关系蕴含于生产、分配、交换和消费这四个核心环节，它构成了一个具有复杂结构的系统。该系统主要由三个基本方面构成：生产资料的所有制关系、个体在生产及交换过程中的地位关系，以及由产品分配关系直接决定的消费关系。生产资料所有制关注的是生产资料归属于何方，其本质在于揭示占有生产资料者与劳动者之间的关系，即劳动者与生产资料相结合的方式。个体在生产和再生产过程中的地位及交换关系，揭示了他们在这一过程中各自扮演的角色以及如何相互交换活动。产品分配关系及其直接决定的消费关系，则关乎生产出的产品归属谁，以及如何分配和消费。生产关系在这些方面的协同运作，共同构成了一个统一的整体。当前，人类经济社会的发展已经迈入以数字生产力为显著标志的新时代，主要表现为数字化对生产力的强大赋能和深刻再造。数字生产力的蓬勃发展，催生出一种基于数字化特性的新型生产关系。在这种关系下，生产资料的掌控与利用、劳动成果的分配机制，以及个体在生产链条中的地位，均经历了根本性变革。这一系列转变，正引领人类社会经济步入一个全新的发展阶段，其中数字化成为推动生产力演进的关键驱动力。

数字生产力的发展需配以相适应的数字生产关系，这主要体现在对数据生产、分配、交换及消费关系的重塑上，确保与生产力增速保持同步。生产关系中，生产资料所有制占据核心地位。随着数字技术与数据要素呈现社会化占有趋势，数字生产资料向社会主义公有制转变的倾向越发显著，表现为由全体或部分劳动者共同拥有并支配的所有制形态。然而，数据产权界定的模糊性，直接导致了数据生产、分配、交换与消费关系的混乱，实质上扰乱了数据社会的再生产关系，进而阻碍了数字生产力潜能的释放。从数据要素的生产关系视角观察，模糊的产权界定还抑制了数据要素的有效配置与利用，尽管大数据时代催生的海量数据被视为无尽的宝藏，但产权关系的不明确使得市场主体在开发利用上持保守策略，最终导致数据的潜在价值远未得到充分挖掘。

　　随着数字生产力的推进，生产资料的获取与利用展现出显著的社会化倾向。这一进程不仅驱动了数字生产关系的深刻变革，还引领了人们对物质需求从所有权向使用权转变的新潮流。在传统经济模式下，个体倾向于追求的是资源的完全掌控。然而，在数字化时代背景下，人们更倾向于分享资源的部分控制权，以换取等价的利益。此转变从根本上重塑了产权的属性，进而引领了商品使用方式的革新。数字化产品越发强调非排他性的共享理念，即使用权的重要性日益凸显，而所有权则相对淡化。受此趋势影响，数字生产力的持续演进势必推动数字化产品与服务展现出虚拟化、共享化及社会化的鲜明特征。

　　而作为劳动核心对象的数据，由于其产权分布的多元化主体特性，其社会化属性也日益凸显。劳动资料与劳动对象的社会化趋势，特别是劳动对象的社会化，导致了产品界定的模糊性，这一模糊性又直接引发了生产资料占有关系的混乱。具体表现为，数据产权界定的复杂性使得平台型企业得以垄断数据，并可能滥用这些数据以获取超额利润。同时，产权界定的不清晰也制约了劳动对象即数据的充分开发，导致数据开放与共享的程度受限，从而在一定程度上阻碍了数字生产力的进一步发展。

　　数字生产力的进步引领了生产关系的虚拟化进程，进而诱导了分配关系的虚拟化。步入数字化时代，数字生产力的蓬勃发展促使生产关系逐渐展现出虚拟化与垄断化的特征。数字技术的广泛应用，使企业内外部的大规模协作模式从传统的面对面线下互动转变为线上虚拟交流。同时，为了持续满足消费者日益增长的个性化产品需求，企业作为生产主体，在不断适应灵活多变的市场需求过程中，逐渐向平台化的生产运营模式转型。这一转型导致企业与员工之间的关系由传统的雇佣关系逐渐演变为平台与个体之间的协作关系或互补关系。此类协作不仅可能发生在大规模的陌生人之间，还可能跨越地理界线，形成远距离协作，从而在生产经营的平台与个体劳动者之间构建出强烈的相互依赖关系。生产关系的虚拟化，不可避免地引发了分配关系的虚拟化，因为分配关系无法脱离生产关系而独立存在，生产关系从根本上决定了分配关系（张雷声，2022）。数据作为生产要素的崛起，是数字生产力发展的一个重要标志。数据来源于劳动者有意识或无意识的生产活动，当数据的存储和收集达到一定规模后，经过清洗、整理和分析，数据便作为生产要素参与到生产过程中。在数字化之前，劳动者在非劳动时间产生的数据并不能作为生产要素来创造剩余价值。然而，如今数据已成为重要的生产要素和生产资料，即使是劳动者在闲暇时间产生的海量数据，经过数字平台企业合法地运用数字技术进行收集、保存、清洗、分析和预测等生产性活动后，也具备了创造剩余价值的潜力。因此，无论数据是在劳动者的工作时间还是闲暇时间产生的，数字平台企业在使用这些数据时，都应按照市场规则对数据生产资料的所有者进行合理的分配，使数据作为生产要素服务于生产的全过程并获得相应的回报。数据作为生产要素参与分配，对于激发劳动者的积极性、提升劳动者的获得感具有深远的意义。在党的十九届四中全会上，数据被首次明确作为生产要素，并可以参与分配。2021 年 1 月，中共中央办公厅、国务院办公厅印发的《建设高标准市场体系行动方案》中提出，要加快培育和发展数据要素市场。数据确权和分配机制的构建，对于促进数字生产力的持续发展，推动在全国范围内构建一个统一开放、竞争有序、制度完备、治理完善的高标准市场体系具有重大而现实的意义。

随着竞争环境的不断变化，生产方式亦随之持续调整。当前，经济社会的发展展现出复杂且多变的特性，为满足消费者个性化、多样化及不断变化的需求，企业需具备快速响应的能力，探索创新路径，实施结构转型，以应对更为错综复杂的外部挑战。这一需求推动了平台化生产组织形式的出现。平台化组织形式具备组织扁平化、创新生态化以及价值创造多元化等特征。得益于平台模式的开放性和共享性，能持续吸引可以为终端用户创造附加价值的企业入驻，从而激发不同实体间的协同效应和价值共创。然而，平台化的生产组织方式也带来了新的监管挑战。由于平台本质上的网络外部性，而网络外部性又呈现出正反馈、路径依赖及赢家通吃的市场特性。这些特性的存在，使得拥有技术优势的企业能够成为技术标准的制定者和主导者，进而形成技术垄断，并通过网络规模效应构建壁垒，阻碍新进入者。特别是某些网络平台，通过跨界合作与融合创新的方式，打破了市场原有的边界，进一步强化了市场领导力。这种发展模式在一定程度上加速了财富的集中，并引发了一系列经济社会矛盾。同时，头部数据平台也可能会垄断大量数据资源。数据作为核心生产要素，在商业竞争中占据关键地位。凭借完善的数字技术体系和稳定的用户基础，头部数据平台能收集更庞大的数据信息，从而提供更精准的用户服务，提升客户体验，并保持其竞争优势。因此，应对具有潜在垄断风险的数字平台资本实施有效监管，同步细化相关法规，强化平台自我约束，根除对劳动者隐私数据的不当控制与误用。

在数字经济迅猛发展的背景下，我国涌现出了一大批数字平台企业。这些企业围绕核心用户数据的垄断展开激烈竞争，构建起各自领域的坚固壁垒，对潜在的新进入者构成显著的进入障碍，从而加剧了市场的集中度。近年来，我国政府启动了一系列针对数字平台垄断行为的监管措施与调查行动。在此过程中，我们应深刻理解，强化数字化领域的反垄断工作，以及防止资本无序扩张，其核心目的在于维护数字生产力的持续活力，引导平台型组织实现健康发展，保障公平的市场环境，并充分激发市场主体的创新活力。

2.3　数字生产方式

2.3.1　数字生产方式的界定

生产关系与生产力构成了一个不可分割的统一整体。二者的统一体形成了社会生产方式。在这一生产方式框架内，生产力的性质及其发展水平，从根本上决定了生产关系的形态与变迁。马克思强调，各个人借以进行生产的社会关系，即社会生产关系，是随着物质生产资料、生产力的变化和发展而变化和发展的（《马克思恩格斯选集（第一卷）》，1995）。同时，生产关系对生产力具有能动的反作用。当生产关系契合生产力的特性和进化需求时，便会激发生产力潜力，成为推动生产力发展的有利载体；反之，若生产关系滞后或违背了生产力的发展要求，则可能抑制乃至损害生产力的成长，成为生产力进步的障碍。生产力和生产关系之间的相互作用，构成了社会生产方式动态发展的核心矛盾。在这一矛盾运动中，始终贯穿着一条核心规律，即生产关系必须适应生产力的实际状况。

生产方式，即人们在生产活动中所采用的共同协作模式，在本质上体现了生产力和生产关系之间的矛盾统一性。作为历史唯物主义的核心概念，生产方式涵盖了生产力和生产关系这两个核心要素，并实现了两者的有机统一。从根本上讲，人类社会的全部历史可以归结为物质资料生产的发展史，也是物质资料生产方式不断更迭的历程。生产方式作为社会发展决定性力量，构成了历史唯物主义的基本理论基石，同时也是无产阶级及其政党在制定路线、方针、政策时所依据的客观规律。

生产方式作为推动人类社会发展的根本动力，为人们的生产活动设定了基本框架，这一框架构成了人类社会存在与发展的坚实基础。人类社会中的所有实践活动，无一不根植于这一生产活动的基础之上。首先，人类必须满足基本的衣食住行需求，这是生存和发展的前提。只有在这些基本需求得到满足之后，人们才能有余力参与政治活动、科学研究、艺术创作以及宗教实践等更高层次的社会活动。因此，直接物质生活资料的生产不仅是人类生存的基础，也是所有社会活动得以开展的基石。

数字生产方式包括数字生产力和数字生产关系两个方面，是两者的统一。数字生产力是数字生产方式的物质内容，数字生产关系是数字生产方式的社会形式，最终决定着生产方式的存在、发展和变革。归根结底，生产方式决定了社会的本质特征及其外在表现。特定的生产方式塑造出相应的社会结构，而不同的生产方式则导致了社会面貌的多样性。马克思强调，物质生活的生产方式制约着整个社会生活、政治生活和精神生活的过程。生产方式成为划分不同社会形态的关键标志。随着生产方式内部的矛盾运动，旧的生产方式被新的生产方式所取代，原有的社会制度亦随之被新制度所更替，推动社会不断从低级阶段向高级阶段演进。

数字生产方式的构成及作用机制如图 2-2 所示。

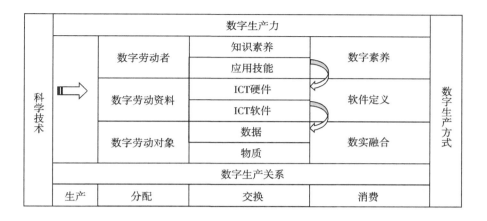

图 2-2　数字生产方式的构成及作用机制

如图 2-2 所示，数字生产方式的内部关系如下：

1）数字生产方式＝数字生产力＋数字生产关系，即：

DM＝DP＋DR

2）数字生产力＝科学技术×（数字劳动者＋数字劳动资料＋数字劳动对象），即：

DP＝DT×（L＋M＋O）

3）数字生产关系＝数据要素所有制×（生产关系＋分配关系＋交换关系＋消费关系），即：

DR＝OS×（PR＋DR＋ER＋CR）

其中，"科学技术"是知识形态的生产力，它起源于人类对客观世界的认知过程，是经过生产劳动实践与科学实验活动所形成的知识体系。当科学技术被应用于国民经济之中时，它便直接转化为生产力。值得注意的是，科学技术并非作为生产力的一个独立要素存在，而是通过渗透并增强其他生产力要素的科技含量，发挥出一种综合性的生产要素作用。若将劳动者、劳动资料和劳动对象视为传统的生产力要素，那么信息科学则可被视为一种新兴的生产要素。只有当信息科学与这些传统生产要素相融合时，才能共同构成所谓的数字生产力。具体而言，信息科学融入劳动者之中，能够提升劳动者的科技素养；融入劳动资料中，可以增强生产资料的效能；融入劳动对象之中，则可以拓宽劳动对象的范围。总而言之，科技的应用不仅能够提高生产效率、降低生产成本，还能使生产成果更大幅度地满足社会的需求。

值得注意的是：

第一，对信息科学与数字技术之间的关联进行阐述是必要的。科学源自于人类对自然界及人类社会发展规律的正确认知，而技术则是科学在具体实践中的应用体现。科学的发展水平及其在工艺领域的应用深度，结合生产过程的社会组织形式，共同孕育了技术。数字技术是现代信息科学发展的最新成果，它通过将原本分散的信息技术整合为一个系统化的技术体系，进而被广泛应用于国民经济的各个新兴技术领域。它植根于深厚的科学理论基础，在计算机科学、语言学、数学、力学、电子学、心理学、哲学等多学科交叉研究的基础上，催生了大数据、互联网、移动通信、人工智能以及芯片和软件服务等一系列应用技术和硬件设备。如果说支撑数字技术的科学理论尚属于间接生产力的范畴，那么数字技术的实际应用则已然转化为直接的生产力。

第二，数字生产力代表着生产力要素——劳动者、劳动资料与劳动对象的"三位一体"数字化进程。数字生产力的应用实质上是数字技术与这三大生产力要素的深度融合，共同实施数字化劳动的过程。在此框架中，数字生产力的核心要素是那些精通数字技术并具备相应数字技能的劳动者，他们是数字生产力的主体。这些数字劳动者不仅拥有丰富的数字技术知识储备和应用技能，还具备进行数字技术和设备研发的能力，能够实际操作、控制并维护数字技术和设备。他们活跃在数字化生产经营平台和网络系统上，专注于数字产品和服务产品的创造与交易活动。数字劳动者所具备的这些技能主要源自专业的学习经历和职业培训，而这些学习与培训的费用则构成了劳动力价值的重要组成部分。数字生产力的客体要素涵盖数字化生产劳动的手段与对象，具体而言，可细分为两大方面：一是数字技术设备与工具，这在生产力中扮演着劳动资料的角色。其中，互联网、物联网、基站等基础设施，云计算平台和现代计算中心，电子信息设备及各类通信工具，以及机器人和数控机器设备等共同构成了数字生产力和数字技术的重要载体，直接体现了数字生产力和数字经济的发展水平。当然，值得注意的是，数字技术仍在持续创新与升级的过程中。二是数据、商业软件以及作为生产劳动作用对象的自然物，这在生产力中属于劳动对象范畴。数据已成为一种新兴的生产要素，在产业链条上扮演着基础产品或中间产品的角色，并构成生产成本的一部分。至于劳动对象中的其他自然物，与传统劳动对象并无本质差异，只是由于数字技术的应用，使得劳动对象的范围与深度得到了显著提升，人类掌控和应用劳动对象的规模也随之大幅扩展。

总体而言，数字生产力并非现代信息科学与传统生产力三要素的简单叠加，也并非游离于这三要素之外的独立存在，而是深度融入并渗透于生产力三要素之中，推动并实现生产力的升级与变革。简而言之，数字生产力是现代信息科学赋能于传统生产力三要素，通过深度融合所激发出的创新创造力。

数字生产力的发展要求数字生产关系与之相适应，主要体现在数据生产、分配、交换和消费关系的重构，以适应数字生产力的指数增长。数字生产力的基础是数据要素，故所谓"无数据不经济"。作为生产要素的数据是现代意义的大数据，是经过数据集成和处理过的数据，既是数字生产力的基础，也是整个国民经济的基础。由于数字劳动资料——数字技术体系的产权界定相对清晰，在现阶段不影响数字生产力效应。而数字生产力最基础的劳动对象——数据要素，由于数据产权界定不清，导致数据生产关系、分配关系、交换关系与消费关系的混乱，可以说数据社会再生产关系混乱，直接制约了数字生产力的发展。因此，本书的数字生产关系，主要是研究数据要素所有制及其决定的数据生产关系、分配关系、交换关系与消费关系。

2.3.2　数字生产方式的作用机制

技术革命所驱动的生产力进步，不仅体现在新生产要素的开发及生产要素秩序的演变上，更体现在要素结合方式的优化，即经济发展模式（涵盖要素配置、生产经营、商品交换、消费及分配方式等多个方面）的创新上。唯有与生产要素秩序相契合的经济发展模式，方能充分释放并提升先进生产力的潜能与效能，推动其持续进步。从生产力进步的角度审视，数字革命相较于以往的产业革命展现出显著的不同：一方面，数字技术的蓬勃发展与广泛应用不仅确立了数据作为关键生产要素的地位，还对其他生产要素及其配置方式进行了深刻的数字化改造，如劳动的数字化（如人工智能的应用）和资本市场的数字化等。另一方面，作为生产要素，数据具备可共享、可复制、可重复利用、对生产者无竞争性、对使用者无排他性等独特优势，而这些优势的充分发挥需依赖相应的数字平台作为支撑；同时，数据不会因使用而枯竭，随着数据规模与维度的增长，从数据中挖掘出的价值将呈现几何级数的增长，并惠及各个经济主体。因此，与传统经济相比，数字经济展现出独特的改造机制、平台机制、加速机制和普惠机制，这也是数字生产力先进性的核心体现。

2.3.2.1 改造机制

数字经济的改造机制，即数字化机制，核心在于对生产要素及其配置方式实施数字化改造，进而实现虚拟化数据与实体经济的深度融合。这一机制充分利用了数字化供应链所具备的"无限扩展""高度集约""无界协同""无接触达成"等独特优势，对传统实体经济进行了深度的改造、分化和重组。这一过程具体表现为"互联网+"或"+互联网"等模式的广泛应用。其中，改造意味着对传统产业的融合与扬弃，分化则标志着新产业的蓬勃崛起，而重组则催生了新业态、新模式的不断涌现。

2.3.2.2 平台机制

数字经济的平台机制，作为一种新颖的数字化生产组织方式，主要依托于区块链、人工智能、云计算、大数据等前沿技术，实现各类经济主体的有效连接，进而优化资源配置、降低交易成本、拓展消费市场。随着大数据、人工智能、云计算、区块链等技术的持续创新，数字平台在用户规模、信息量、匹配精度及运行效率等方面均展现出显著提升，依托此平台进行的商业模式也日益完善，赋予平台经济即时性和低成本等显著优势。数字平台能够及时且高效地传递多样化信息，并借助算法、大数据技术及软件管理手段，实现资源的高效配置与流程优化，为交易双方提供更多个性化对接机会与服务。同时，数字平台显著降低了信息不对称性，释放了更多供给与需求潜力，进一步降低了生产与交易成本。在传统经济体系中，信息不对称问题导致生产者之间、生产者与消费者之间存在信息壁垒，常引发资源配置低效甚至市场失灵。加之传统制造业依赖公司制度下的上下游产业链及自建销售渠道，成本负担较重。而信息技术和数字技术革命使得长距离信息传递成本大幅降低，平台、消费者、生产者之间形成了网络协作关系，低廉的信息沟通成本无疑将大幅提升微观经济主体的交流合作频率与效率。例如，二手车平台、二手房平台等信息中介平台可以在一定程度上解决用车和住房领域的信息不对称问题，进而促进消费增长。

平台机制进一步增强了数字经济的共享性、开放性和个性化特征。作为共享经济的核心要素，平台为资源所有者提供了转让闲置资源临时使用权的便利，显著提升了资源的利用和配置效率。数字平台的开放性特征使得社会生产和再生产各环节之间的界限越发模糊，信息的广泛传播激发了各参与主体积极融入社会大生产的热情。同时，数字时代也是个性化消费的时代，企业能够借助大数据技术绘制用户画像，利用数字平台精准提供满足消费者个性化需求的产品和服务，从而抢占市场先机。

平台机制也可能会引发垄断问题。数字平台的正向交叉网络外部性会形成自我强化的正反馈和自生长机制。根据梅特卡夫法则，数字平台的价值随着用户数量的增加而不断增长，这使得平台更容易获得行业垄断地位，产生强者愈强的马太效应。以天猫、京东为例，这两大电商巨头在中国电商行业占据主导地位，无论是在电商规模、盈利能力还是流量等方面都拥有巨大的市场份额。平台实力的增强为数据掌握、消费者需求识别以及多样化和精准化的生产提供了有力支撑，但垄断也可能对市场造成一定程度的干扰，特别是某些平台的霸王条款可能影响市场经济的有效运行。因此，在推进国家治理现代化的进程中，需运用数字化手段对不断发展的数字平台进行有效治理。

2.3.2.3 加速机制

加速机制是数字经济相较于传统农业经济、工业经济最为显著的表征之一。鉴于数据的无限指数增长特性，数据存储、运算、增长及普及的速度均远超以往经济系统的运行速率，数据作为关键生产要素，对产业链、生产效率及经济周期等产生了深远影响，驱动经济社会步入加速发展的轨道。数字技术的创新引领了数据信息的爆炸式增长，数字化对传统产业链的重构为经济发展注入了新的活力；同时，数字技术的普及速度日益加快，数字产品迭代频繁，物质财富积累加速，企业的兴衰更迭亦在转瞬之间。古典经济增长理论视资本为经济增长的源泉；而新古典经济增长理论则纳入技术进步与时间因素，认为经济增长依赖于资本和劳动的增长率，以及技术进步率；罗默则认为技术进步是经济增长的原动力，并将其视为经济增长的唯一驱动力。数字经济依托海量数据、新兴数字技术及高技能劳动者，显著提升了生产率，不仅加速了生产力的进步，也促进了生产关系的快速演进。在宏观经济增长加速的背景下，微观经济主体的发展速度亦显著提升。以世界 500 强企业为标杆，1920 年，他们的平均年龄为 67 岁，而到 2015 年这一数字已降至 12 岁（萨利姆·伊斯梅尔等，2015）。当然，数字经济的加速机制既是机遇也是挑战：先发国家或地区可以迅速确立并强化其优势，而后发国家或地区的落后状况则可能更为凸显；一些新兴企业能够迅速抓住机遇实现快速发展，而另一些企业则可能面临被快速淘汰的命运。因此，如何在数字经济的发展中抢占先机，并充分利用其加速机制强化自身优势，成为当前有效提升国家竞争力的关键所在。

2.3.2.4 普惠机制

数字经济的加速机制可能导致发展不平衡、不充分问题，而其普惠机制则被视为解决这一问题的有效路径之一。数字经济依托平台机制，实现了信息的即时传递、物流的便捷化以及金融的普惠化，从而转变了传统经济发展的路径与要素依赖，如减少土地占用、远离市场中心等。这一转变弱化了土地、交通、市场等因素对生产力发展的制约作用，降低了它们的影响力和重要性，打破了"循环累积因果"的经济增长模式，构建了"人人参与、共建共享"的普惠机制。在此机制下，各类市场主体能够公平地参与经济活动并共享发展成果。马克思指出，劳动生产率是同自然条件相联系的。在农业经济时代，土地是劳动者主要的劳动对象；而在工业经济时代，经济增长则主要依赖于资本、土地、矿产等要素的标准化、大规模生产，企业通常需要达到一定规模才具备持续发展的条件和优势。然而，在数字经济时代，数据成为关键的生产要素，其无限性、非竞争性和非排他性特点弱化了经济主体对土地、矿产、资本等传统要素的依赖。这使得所有微观主体都能平等地享受数字经济发展带来的红利，社会弱势群体也能获得平等的服务和赋能，进而推动经济社会实现包容性增长和协调发展。

数字经济打破了经济增长对传统生产要素的强路径依赖，为中小企业提供了通过电商平台实现网络化协作运营的新机遇，同时也使偏远地区和贫困地区能够依托其特色优势实现"换道超车"的发展。数字技术能够高效赋能传统物流服务，打通存储、物流、销售等产业链环节，加速地区间生产要素的双向流动与集聚。此外，数字经济能够突破地域限制，为各地区带来公平的发展机会。通过有效的系统控制，数字经济还能减少能源消耗，推动可持续发展进程。数字经济具有将互联网流量价值转化为经济价值和生态价值的能力，为绿色消费提供技术支撑和产品应用激励。相较于传统金融，数字金融展现出更强的普惠性，能够显著缓解传统金融抑制问题，使偏远地区和弱势群体也能便捷地享受金融服务，进而推动包容性经济增长、缩小城乡收入差距、促进居民消费。

2.3.2.5 创新机制

在传统工业的创新历程中，不论是新品研发、工序改良，还是作业流线的重构，均需历经大量的试验检测。一般而言，这类验证步骤繁复冗长，耗资巨大且伴随高风险，使得产业革新常被视为一项高投入、低产出比的艰巨任务。数字生产力为人类社会带来的最显著变革，是凭借数字孪生等前沿技术，将我们生活的物理世界逐步转化为数字形式，在赛博空间中构建起相应的虚拟镜像。赛博空间凭借其实时性、高效性、零边际成本以及高度可塑性的特质，为产业创新开辟了全新的便捷通道，从而显著提高了创新的成功率和经济效益。

从效率层面分析，基于数字仿真的"模拟择优"方法，使得产业创新活动能够在赛博空间内迅速迭代，进而促使创新活动在时间与空间上实现交叉、重组与优化，显著缩短了新技术产品从研发、小试、中试到量产的全过程周期。从创新主体角度来看，数字仿真的"模拟择优"机制推动了大量数字平台的涌现，降低了创新创业的准入门槛与成本，使得广大创业者能够依托这些平台，充分利用产业资源开展创新活动，并直接参与到产品构思、设计、制造、改进等各个环节，真正实现了具有现实意义的万众创新。

从创新流程层面分析，数据分析技术的迅猛发展，促进了"需求—数据—功能—创意—产品"链条中数据的逆向联动传播。生产过程的参与主体逐渐从生产者向产消者转变，个性化定制模式的兴起使得消费者能够全程参与到生产过程中，其在产品过程中的发言权与影响力日益增强。以往以生产者为中心的正向整合生产要素的创新流程，正在向以消费者为中心的逆向整合生产要素的创新流程发生转变。数字生产力的发展，更加注重在资源共享的基础上，通过协调多品种产品来满足客户的个性化需求，以及通过企业、产业间的分工协作带来经济效益，这实际上是一种追求多品种产品成本弱增性的范围经济模式。在数字生产力推动的范围经济发展中，生产运行方式、组织管理模式以及服务方式都将发生根本性的变革。

科学技术作为第一生产力，其进步是推动生产力发展的核心动力。大数据技术、人工智能等新兴技术的发展与应用，不仅迅速提升了全要素生产率，还通过激发配套的创新机制和生产方式，促进了社会的整体进步。信息技术和数字技术革命使数据成为一种新的生产要素，并通过数字化改造机制和平台机制优化了生产要素的组成、结构和秩序，进一步巩固了数据作为关键生产要素的地位，形成了具有加速机制和普惠机制的全新经济形态——数字经济。数字经济是人类为追求高质量发展而开发新资源、提高生产力的必然产物。与传统经济形态相比，数字经济拥有独特的改造机制、平台机制、加速机制和普惠机制。这些机制在经济运行中并非孤立存在、分别起作用，而是相互依赖、共同发挥作用。改造机制和平台机制是加速机制和普惠机制的基础，而加速机制和普惠机制则集中体现了数字经济的先进性。在这些独特机制的作用下，数字经济不仅成为当代先进生产力的实现形式和发展方向，还展现出了与传统经济形态截然不同的特性。数字经济的诸多实践特性不仅显著改变了经济实践的运行条件和机制，也对传统经济理论带来了巨大的冲击和挑战。

数字经济的影响广泛且深远，并且随着科技的持续发展，其必将展现出新的特征与影响。通过数字化改造机制，数字经济颠覆了传统的生产组织、商业及交易模式，加速了传统产业的转型升级，并催生了一批新兴产业，推动了产业融合与数字治理的进程。借助平台机制，数据实现了爆炸式的指数增长，能够跨越时空界限进行快速即时的传递，降低了信息不对称的风险，创新了市场规则，进而实现了供给与消费的便捷化、多样化及个性化精准对接。数字经济的加速机制利用数据无限增长、可复制、可共享的特性，重构了产业链，缩短了生产周期，为新兴企业的迅速崛起和经济发展注入了新动能，促进了经济增长的提速。而其普惠机制则利用数据要素跨越时空的特性，突破了经济增长的要素和路径依赖，重塑了经济竞合格局，实现了全体成员共享发展成果的包容性经济增长。数字经济的共享即时性通过数字平台得以充分发挥，无限指数性加速了产品的更新换代，跨界均衡性弱化了空间距离和资源条件的约束，多样精准性则借助数字技术和网络技术重构了生产和消费模式以及社会治理方式。

2.3.3 数字生产方式的基本特征

2.3.3.1 共享即时性

数字经济的共享即时性体现在通过数字化改造机制和平台机制的共同作用，数字化信息能够依托网络技术实现即时共享，进而提高信息交流的便捷性与对称性，提升决策的精准度与准确性。借助数字化改造机制，数字技术利用"0"和"1"的二进制编码，将各类信息联结成一个无形的虚拟网络空间。这一虚拟空间突破了传统物理实体空间的界限，构建了共享即时的数字交易平台。海量数据得以光速处理，打破了信息不对称，跨越了时空限制，不仅改变了市场主体的交易行为，也给传统经济理论带来了挑战。具体而言：①对"理性人假设"的冲击。"理性人假设"是传统西方经济学的基本前提，但受信息不对称的限制，"经济人"的理性往往表现为"有限理性"。而在数字经济时代，信息充分流动，"经济人"能以较低成本获取所需信息，其理性水平提升至"高度理性"。②对生产理论的挑战。传统经济理论认为，生产需经历复杂环节，边际成本递增导致供给曲线向右上方倾斜。然而，在数字经济的平台机制下，采购与沟通成本有效降低，用户规模增长提升了网络节点价值，使得供给量增多时价格可能降低，供给曲线向右下方倾斜。③对消费理论的挑战。在传统经济理论中，信息不对称与边际效用递减使生产者处于优势地位，需求曲线向右下方倾斜。但在数字经济中，消费者至上的理念得以实现，在逆向选择影响下，需求曲线的后半段呈现回弯现象。④对市场均衡理论的挑战。传统经济理论认为，价格与需求正相关，与供给负相关，均衡状态的产生依赖于负反馈的自我调整机制。而在数字经济条件下，知识具有溢出效应，技术具有累积效应，规模报酬递增，正反馈机制触发强者愈强的"马太效应"。

2.3.3.2 无限指数特性

数字经济的无限指数特性源自数据的可复制性、共享性与无限增长能力，这一特性允许市场迅速响应供需变动，优化决策过程，驱动经济呈现裂变式、指数级的增长态势。数据作为关键的生产要素，其独特的属性和生产特性赋予了数字经济边际收益递增、边际成本递减以及网络锁定效应等与传统经济相区别的特性，对传统经济理论构成了巨大挑战。首先，边际收益的递增现象。传统经济理论认为，资源是有限的，在技术条件和其他生产投入固定的情况下，边际收益会逐渐减少；然而，数据作为生产要素，具备共享、复制与重复利用的特性，对生产方不构成竞争压力，对使用方无排他性，从而摆脱了有限资源对经济增长的束缚，边际收益随数据量的增加而递增，推动经济的持续扩张。其次，边际成本递减的现象。数字基础设施的搭建成本与其服务的用户数量无关，故边际成本接近于零，平均成本呈现递减趋势；尽管数据管理与运营成本随用户基数扩大而上升，但平均成本与边际成本皆呈现出下降的趋势；在平台机制下，信息检索成本、信息不对称导致的资源调配成本及制度成本得到有效削减，信息获取变得更加容易。因此，数字经济的边际成本呈现出递减的特征。最后，网络锁定效应的显现。数字平台凭借其技术密集性，形成了较高的用户迁移门槛（用户需要付出时间和金钱来学习其他软硬件知识和信息），加之学习曲线的累积效应，数字平台能利用这一黏性与网络外部性吸引并维系客户群，形成对大量消费者的锁定。

2.3.3.3 跨界均衡性

数字经济的跨界均衡性体现在数字化的生产要素，包括数据、知识和信息等，能够借助互联网跨越时空界限，实现全球范围内的即时传输。这一特性极大削弱了物理空间与物流时间对经济活动的约束，为不同区域及市场参与者之间的均衡与协同发展创造了条件。生产要素的不完全流动性、经济活动的不完全可分性、距离成本，这三大要素构成了区域经济学的基石。然而，数字经济的跨界均衡性对区域经济学的诸多原理提出了挑战。具体而言：①对距离衰减原理的冲击。互联网的普及打破了信息沟通的地理障碍，各地域得以平等接收信息与知识，这为区域均衡与一体化发展奠定了基础。②对区位理论的挑战。数字经济依托互联网得以发展，而网络空间具有虚拟性、共享性以及边界模糊化等特征。数据、知识和信息技术的即时传播，使得跨地区的交流变得更加频繁和便捷，因此，区位因素的衡量和区域范围的界定需要重新审视。③突破传统的区域经济增长模式。传统的经济增长模式倾向于线性、粗犷且链条冗长，增长极理论主张集中力量培养具有优势的地区与产业，通过扩散效应带动阶梯式发展。然而，在数字经济中，收益随用户基数的膨胀呈现指数级增长，技术创新加速，市场准入壁垒降低，开放性增强，边缘地区有望跳脱"循环累积因果"与"梯度转移"等路径依赖，实现从局部到全局的跨越式增长。

2.3.3.4 多样精准性

数字经济的多样精准性体现在借助数字化改造与平台机制的作用，企业能够通过多样化和专业化的生产方式，以及简化市场交易流程，为消费者精准提供定制化、多样化、个性化的商品与服务。传统经济理论认为，企业生产需达到一定规模才能实现资源优化配置和收益最大化；而数字经济则引领了个性化生产与消费的新时代。数字平台的构建汇聚了海量买卖双方，不仅极大地丰富了商品种类、破除了交易障碍、缩减了交易成本，还实现了生产与消费的精准对接。随着数字平台的迅猛发展，消费者更青睐于选择符合自身需求的小众商品。在此背景下，范围经济的实现条件由产品相关联转变为基于用户数量的规模经济。企业的生产方式也逐步从大规模标准化生产转向分散化、个性化定制，以有效满足消费端的长尾效应。在范围经济的每一细分市场中达成自身的规模经济，即实现了长尾经济的效益。同时，数字经济环境下也易于形成"赢者通吃"的市场格局。在传统经济中，规模经济主要源于资产专用性和生产技术的不可分割性，供给端的规模经济占据主导地位。但受制于生产能力与交易成本等因素，企业规模难以无限制扩张。而在数字经济中，需求端的规模经济与供给端同等重要，需求规模的扩张不仅能降低供应商成本，还能提升产品对其他用户的吸引力，进一步刺激需求增长，触发正向反馈循环，促使单一公司或技术占据市场主导地位，形成"赢者通吃"的现象。

生产力的持续进步作为人类社会发展的重要驱动力，其规律根植于劳动者、劳动工具、劳动对象以及自然科学技术等要素之间的内在联系与互动。生产要素及其组合结构展现出系统性、整体性、动态性与开放性的特点，生产力从低级至高级的演进，实则反映了生产要素秩序的演变历程。数字技术的兴起与广泛应用，催生了数据这一关键生产要素，数字生产力由此成为先进生产力的象征。数据的可共享、可复制与可重复利用属性，意味着对生产者无竞争压力，对使用者无排他限制，从而赋予数字经济以数字化转型、平台化操作、加速发展与普惠共享的独特机制，并展现出即时共享、无限指数增长、跨界均衡，以及多样性、精准性等鲜明特征。数字经济凭借其平台性、虚拟性和共享性，超越了传统经济的时空限制与资源约束，加速社会财富的累积，推动包容性经济增长，重绘全球经济版图。它不仅在显著提升生产力的同时，开创了经济形态的先河，也对传统经济理论构成挑战，提出了新的思考与应对策略。

数字经济的影响力广泛且深远，伴随着科技的持续进步，其特征与影响将持续演化。数字化转型机制重塑了传统生产模式、商业框架与交易规则，加快了传统产业的升级换代，催生了新兴产业的蓬勃生长，促进了产业整合与数字化治理的进程。平台机制下，数据呈现出爆炸式增长，实现快速即时的跨界传输，有效降低了信息不对称，革新了市场秩序，实现了供给与消费的无缝对接，满足了多样化与个性化需求。数字经济的加速机制，凭借数据的无限增长与共享特性，重构了产业链条，缩短了生产周期，为初创企业提供了崛起的良机，为经济注入了创新动力，推动了经济快速增长。普惠机制则借助数据的无界性，打破了经济增长的要素瓶颈与路径依赖，重构了经济竞争与合作格局，确保了全民共享发展成果，实现了包容性增长。数字经济的即时共享特性在数字平台上得以彰显，无限指数增长加速了产品迭代，跨界均衡性削弱了地域与资源的约束，而多样精准性则依托数字与网络技术，重塑了生产与消费模式，以及社会治理的新格局。

3 黑龙江省数字生产力的
发展现状与典型实践

3.1 数字生产力在全国范围内的发展现状

3.1.1 数字生产力的发展现状

数字生产力是人类应用数字技术作用于国民经济活动的生产能力。以数字化为特征的生产力为数字经济发展注入新的要素并提供新动能。数字生产力的发展现状主要体现在生产三要素方面，即劳动者、劳动资料和劳动对象，以及科学技术与生产三要素融合的过程。

3.1.1.1 科学技术

科学技术是生产力发展的推进器，科技创新带动生产力发展，数字生产力成为当前国民经济增长和社会进步的决定性力量。数字技术作为一种新兴应用技术，使信息科学间接生产力转变为数字技术应用的直接生产力，科技的应用带来生产效率的提升、生产成本的下降，生产成果更大程度上满足社会需求。

（1）科研投入

近年来，我国研究与试验发展稳健增长，但是呈现较明显的区域差异。

根据《中国科技统计年鉴 2023》相关数据，2022 年我国规模以上工业企业研究与试验发展（R&D）经费内部支出规模为 19361.8 亿元，比 2021 年增长 10.5%。其中，经费投入规模中广东省排名第一，为 32177548 万元，占全国 R&D 活动经费投入总量的 16.6%，江苏省紧随其后，R&D 活动经费内部支出规模为 29936774 亿元，占全国 R&D 活动经费投入总量的 15.5%。广东省、江苏省经费投入规模较大，均超过 2000 亿元。黑龙江省的 R&D 活动经费内部支出规模 979976 万元，低于全国的平均水平，在全国排第 24 名。可以看出，黑龙江省的研究与试验发展在经费内部支持上稍显不足，仍需加大对研究与试验发展的重视力度，加深技术交流与合作。

我国高校在开展关于信息科学与系统科学、电子与通信技术、计算机科学技术学科课题研究时，不仅获得人员投入的支持，还获得了大量资金方面的支持。根据《中国科技统计年鉴（2019—2023）》相关数据，高校中电子与通信技术学科在课题经费投入方面规模较大（见图 3-1）。其中，2022 年投入 885673.9 万元，比 2018 年增加了 78.7%。2022 年高校在计算机科学技术学科课题开展方面投入经费 809352.7 万元，相较于 2018 年增加了 91.7%，高于电子与通信技术学科的经费投入增量。信息科学与系统科学在 2022 年投入课题经费为 343503.9 万元，相较于 2018 年增加了 53.9%，虽然相较于电子通信和计算机科学两类学科的课题经费投入较少，但是该学科的课题成果量在近 5 年间增速较快，具有较高的科研效率。

在高校中基础性研究为科学技术发展奠定了理论基础，并为进一步创新发展创造了空间。根据《中国科技统计年鉴 2022》和《中国科技统计年鉴 2023》相关数据，2022 年在全国高等学校 R&D 经费内部支出情况中，基础研究方面占重要比例，经费支出为 9969529.2 万元，占高校整体经费的 41.3%。在全国范围内，广东省位列榜首，高校基础研究经费内部支出达到 1077092.4 万元，北京、上海、江苏紧随其后，高校基础研究经费内部支出分别为 1035283.7 万元、983948.9 万元、956627.8 万元，上述四个省市在全国范围内基础研究的经费内部支出规模较大，占全国高校基础研究经费内部支出额的 40.6%，有效支撑了当地科技理论的发展。黑龙江省高校基础研

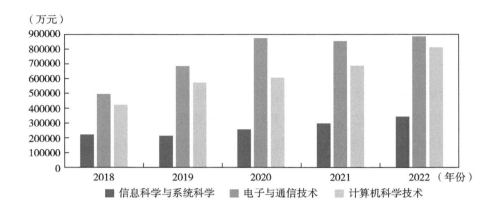

图 3-1 2018~2022 年高等学校分学科 R&D 课题经费投入

资料来源：《中国科技统计年鉴（2019—2023）》。

究经费内部支出额为 224823 万元，重视程度也有所增加，相较于 2021 年增长了 30%。黑龙江省高校科技发展应进一步重视基础研究能力，加快数字生产力的培育和发展。

应用研究是为了确定基础研究成果的可能用途，为科学技术方法应用到现实活动中或实体经济中提供基础。根据《中国科技统计年鉴 2022》和《中国科技统计年鉴 2023》相关数据，2022 年在全国高等学校 R&D 经费内部支出情况中，应用研究经费内部支出 11770967 万元，占比约为 48.8%。其中，北京市高校应用研究经费内部支出额为 1833434.8 万元，支出额度比整个西部地区、东北地区之和都大，这也进一步为北京科学技术在经济发展中起到支撑作用。广东高校应用研究的经费内部支出排第二名，支出金额为 1079566.2 万元。黑龙江省高校应用研究经费内部支出 511083.9 万元，排在第十名，处于全国中等偏上水平。从东北三省内比较来看，黑龙江省高校应用研究的内部投入度较大，已经超过辽宁和吉林，占整个东北三省高校的 48.3%。

研究与试验发展（R&D）活动往往涉及多个学科领域的交叉融合，能够推动学科之间的交流与合作，促进学科的发展和创新。高校作为学科发展的重要阵地，其 R&D 活动对于推动学科发展具有重要作用。根据《中国科技统计年鉴 2022》和《中国科技统计年鉴 2023》相关数据，2022 年我国高校研究与试验发展（R&D）中整体实验研究的经费内部支出为 2383491.3 万元，且投入力度不断加大，较 2021 年增长了 7.4%。其中，北京、广东、江苏、湖北的内部经费投入力度较大，分别为 247623.2 万元、227934.5 万元、216303.1 万元、198065.3 万元，共占全国高校 R&D 经费内部投入总额的37.3%。黑龙江省高校 R&D 经费内部支出力度稍显不足，经费金额为36032.3 万元，在全国排第 18 名。随着技术、知识在经济发展中带来的重要影响，黑龙江省对于 R&D 经费内部投入力度也逐渐增强，与 2021 年相比增长率达到了 85.5%，超过了全国平均增长率的 11 倍。

从高校研究与试验发展（R&D）中政府资金的投入方面可以分析出政府部门对于当地科学技术活动的扶持力度。根据《中国科技统计年鉴 2022》和《中国科技统计年鉴 2023》相关数据，2022 年全国高校 R&D 经费政府资金内部支出总量为 13841974.9 万元，相较于 2021 年增长了 10.8%，增长趋势明显，说明整体上政府重视高校研究与实验，并提供了一定的资金支持。其中北京市排在首位，其高校 R&D 经费内部支出中政府资金量为 1889977 万元，占全国高校 R&D 政府资金的 13.7%。广东省高校研究与试验发展中政府内部支出金额为 1499306 万元，排全国第二名，占全国高校 R&D 政府资金的10.8%，与 2021 年相比，增长速度为 4.7%。黑龙江省高校研究与试验发展经费内部支出中，政府支出金额为 466881 万元，在全国排第 12 名，在全国层面处于中等偏上水平。从东三省内部比较来看，黑龙江省高校应用研究的支持力度较大，已经超过了辽宁和吉林，占整个东三省高校政府资金经费内部支出的 45.3%，相较于 2021 年，增长速度达到 18.7%，超过了全国平均增长水平，呈稳定增长的发展态势。

（2）科研平台

根据《中国科技统计年鉴 2022》和《中国科技统计年鉴 2023》相关数据，2022 年全国高技术产业研究机构总量为 25084 个，比 2021 年增长8.9%，其中广东省发展遥遥领先，占全国技术研发机构总量的 34.4%，江苏、浙江区域科学技术情况发展也相对较好，上述三个发展较好省份占全国技术研发机构总量的 61%。从整体来看，黑龙江省高技术产业研发机构数量在全国排名比较靠后，技术研发机构较少仅为 64 所，技术产业研究平台支撑不够。但是近年来黑龙江省整体增长速度较快，具有较强的发展潜力。

根据《中国科技统计年鉴 2023》相关数据，2022 年全国科技孵化器内企业总量为 326515 家，其中江苏（52635 家）、广东（48510 家）两省科技孵化企业总量较多，占全国总量的 31%，走在全国的前列。浙江省科技孵化器内企业总量为 26899 家，排第三名，科技孵化企业发展水平较高。黑龙江省科技孵化器内企业为 6874 家，占全国总量的 2.5%，在全国排第 15 名，处于全国整体发展的中等水平。

以黑龙江省为例，哈尔滨工业大学作为推动我国机器人科研领域前行的前沿力量，其下设的机器人技术与系统国家重点实验室（以下简称"实验室"），有着悠久的学术沉淀和人才积累。实验室前身为 1986 年成立的哈尔滨工业大学机器人研究所，作为我国机器人技术的开拓者之一，于 20 世纪 80 年代率先实现了国内首例弧焊与点焊工业机器人的自主研发，为我国机器人技术体系的构筑铺设了坚实的基石。当前，该实验室不断创新发展，紧密契合国家经济社会与科技进步的核心需求，秉承航天、国防领域的鲜明特色与军民融合的发展策略，专注于机器人技术的战略性、前沿性及预见性基础与应用基础研究。通过跨学科的深度整合与创新，实验室积极促进高层次学术对话与国际合作，发展成为具有国际影响力的机器人技术创新策源地、高端专业人才培育摇篮以及服务国家社会的国家级核心平台。2022 年，经科技部正式批复，智慧农场技术与系统国家重点实验室应运而生，该项目由北大荒集团、东北农业大学与哈尔滨工业大学携手共建，标志着我国在智慧农业与机器人技术融合领域迈出了新的重要步伐。

在小卫星应用技术创新方面哈尔滨工业大学做出了巨大贡献，作为全国唯一一所集小卫星设计、模拟、测试、整合及实验能力于一体的综合性高等院校，不仅于 2011 年率先成立了宇航科学与技术协同创新中心，还肩负起国家重大科技基础设施——"空间环境地面模拟系统"建设的核心学术使命。

2012 年与长春光机所联合共建的"小卫星技术国家地方联合工程研究中心"经过短短三年多的时间便升级成为国家级工程中心，成为具有国际影响力的小卫星产业推广基地。哈尔滨工业大学在卫星互联网领域探索上取得了累累硕果，包括我国高校自主研发的首颗微型卫星"试验一号"，以及由学生团队全权负责设计、制造与管理的国内首颗纳米卫星"紫丁香二号"。尤为值得一提的是，"快舟"系列飞行器在国际上率先实现了星箭一体化技术的突破，而"龙江二号"微卫星则在国际舞台上首次独立完成了地月转移、近月制动及环月飞行等复杂任务，这些成就均标志着我国在该领域的研究已跻身世界前列。

（3）科技成果

随着科学技术不断进步，为数字经济发展持续提供助力，数字经济在国民经济的地位更加稳固。如图 3-2 所示，根据中国信息通信研究院发布的《中国数字经济发展研究报告（2023 年）》相关数据表示，2022 年数字经济规模达到 50.2 万亿元，占 GDP 比重进一步提升，占比达到 41.5%，这一比重相当于第二产业占国民经济的比重（2022 年我国第二产业占 GDP 比重为 39.9%），随着云计算、大数据技术、移动通信、区块链、3D 打印、人工智能等技术的发展，数字经济作为国民经济支柱地位愈加明显。

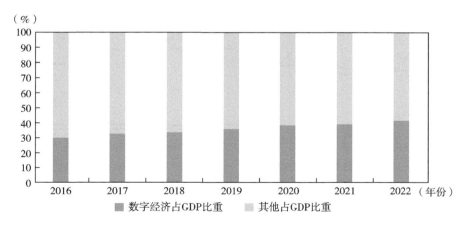

图 3-2 2016~2022 年我国数字经济占 GDP 比重

资料来源：中国信息通信研究院。

　　数字技术的高速发展，带来的成果往往是数字经济生产效率的大幅提升。全要素生产率是用来衡量生产效率的指标，全要素生产率的增长是产出增长率超过要素投入增长率的部分，表示由于技术进步、配置效率、规模经济、范围经济等带来的产出增长的部分。计算方法为：全要素生产率的增长被视为在剔除劳动、资本、土地等要素贡献后的"剩余增长"。根据中国信息通信研究院发布的《中国数字经济发展研究报告（2023 年）》相关数据，2012~2022 年，我国数字经济领域的生产效率显著增强，成为推动整体经济效率提升的关键因素。如图 3-3 所示，整体来看，数字经济领域的全要素生产率从 2012 年的 1.66 提升至 2022 年的 1.75，增幅达到 0.09，而同期国民经济全要素生产率的提升仅为 0.06。这一数据充分显示了数字经济在提升国民经济生产效率方面的支撑和拉动作用。具体到三次产业，第一产业的数字经济全要素生产率呈现平稳增长态势，由 1.03 微升至 1.04。第二产业的数字经济全要素生产率十年间显示出先上升后回落的趋势，由 2012 年的 1.65 上升至 2018 年的 1.69，随后持续下降到 2022 年的 1.54。第三产业，数字经济全要素生产率提升较快，由 2012 年的 1.7 上升至 2022 年的 1.9，提升幅度最大，这在一定程度上有助于缓解我国服务业鲍莫尔病问题。

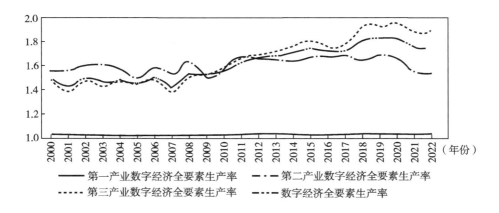

图 3-3　2000~2022 年我国数字全要素生产率

资料来源：中国信息通信研究院。

随着科教兴国战略的发展实施，我国高校关于信息科学与系统科学、电子与通信技术、计算机科学技术不断取得进步，课题成果颇丰。根据《中国科技统计年鉴2022》和《中国科技统计年鉴2023》相关数据，计算机科学技术在人员以及经费投入方面规模较大，科研方面课题成果较多，2022年完成51168项课题，相较于2018年增长了68%。电子与通信技术学科在2022年完成课题38340项，相较于2018年增长了36%。信息科学与系统科学在2022年完成课题19400项，虽然相较于电子通信和计算机科学两类学科的项目较少，但是近年来由于数字经济的快速发展以及信息技术的需求扩展带动了该学科的发展，相较于2018年增长了72%，发展速度较快，有较广阔的发展空间（见图3-4）。

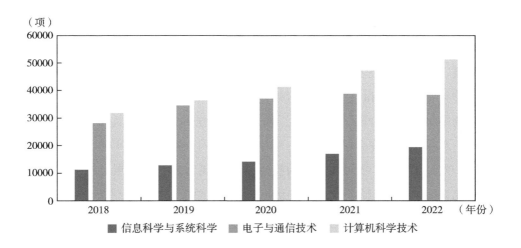

图 3-4　高等学校学科 R&D 课题数量

资料来源：《中国科技统计年鉴》。

根据2019年、2022年、2023年《中国科技统计年鉴》相关数据，2022年我国高技术产业新产品销售收入为87548.26亿元，比2021年增长7%，增长态势较好。其中，广东高技术产业新产品销售收入在全国范围内遥遥领先，新产品销售额为22036.83亿元，江苏、浙江、山东等省市的高技术新产品销售市场规模发展靠前，销售收入分别为 1524.13 亿元、8446.63 亿元、5455.29 亿元。黑龙江省技术产业新产品销售收入为 231.21 亿元，排全国第 26 名，是 2018 年的 5.9 倍，发展态势迅猛，超过全国平均增长水平，有广阔的增长空间。

近年来，我国技术输出市场发展较好、增速较快，根据《中国火炬统计年鉴 2022》和《中国火炬统计年鉴 2023》相关数据，2022 年，我国技术市场中输出技术合同 772507 项，同比增长 15%，输出技术合同成交额达到 47791 亿元，同比增长达到 28%，既说明技术发展的重要性，又说明技术合同的市场平均价值也在不断上涨。2022 年，北京输出技术合同达到 95061 项，排全国首位，比 2021 年增长 16%，江苏紧随其后，输出技术合同为 87753 项，比 2021 年增长 5.8%。黑龙江省输出技术合同数量为 6622 项，技术输出市场成交额为 463.5 亿元，技术输出能力有待进一步提高。

不同国家或区域技术发展水平往往存在差异，专利技术引入可以节约研发成本，弥补自身技术短板，有效支撑当地的科技成果发展。根据《中国火炬统计年鉴 2022》和《中国火炬统计年鉴 2023》相关数据，2022 年我国技术市场中吸纳技术合同 772507 项，较 2021 年增长 15.2%，其中江苏省、广东省、北京市依次在全国排前三，吸纳技术合同分别为 85284 项、78816 项、69630 项。吸纳技术合同数量较为接近，都表现出强劲的发展趋势，其中江苏省比 2021 年增长 12.7%，不仅吸纳技术合同总量占据领先优势，在增长速度上也发展较快。黑龙江省吸纳技术合同总量为 8017 项，从总量上来看，黑龙江省目前排名比较靠后，技术吸纳能力有待加强。

近年来，随着技术市场的逐渐壮大，我国技术市场成交额也非常可观，根据《中国火炬统计年鉴 2022》和《中国火炬统计年鉴 2023》相关数据，2022 年全国技术市场成交总额达到 47791 亿元，技术市场交易活力持续增强，相较于 2021 年增长 28%。北京市技术市场成交金额在全国范围内遥遥领先，达到了 7947.5 亿元，广东、江苏、上海、山东、湖北的技术市场成交额介于 3000 亿~4000 亿元，全国技术交易市场发展区域差异较大。黑龙江省技术市场成交金额为 463.5 亿元，全国排第 19 位处于中等水平，技术市场成交金额较 2021 年增长 31.3%，高于全国技术市场交易的平均增长水平。

专利是提高科技成果技术水平的前提，而科技成果是专利申请的重要基础。根据《中国统计年鉴 2022》和《中国统计年鉴 2023》相关数据，2022 年全国规模以上工业企业研究与实验活动的专利发明数量为 554615 件，占整体专利申请数量的 36.8%。近年来，我国专利发明成果逐渐增加，相较于 2021 年增长 12.1%。其中，广东、江苏、浙江、山东、安徽的专利发明数量分别达到了 149075 件、73525 件、44941 件、36935 件、32625 件，依次排全国前五名，其中广东省的专利授权率达到了 42%。黑龙江省 R&D 专利发明的数量较少，共计 2947 件，仅为全国专利发明总量的 0.53%，但授权率为 45%，超过了全国平均水平。发展整体上呈增长趋势，较 2021 年增长了 6.4%。整体上看，黑龙江省转移发明无论从总量上还是增长速度上看都低于全国平均水平，但是授权率高于全国的平均水平，所以黑龙江省应进一步鼓励专利申请积极性，进一步提高专利成果的数量。

3.1.1.2 数字劳动者

从人力资源来看，在新兴技术领域，黑龙江省人才储备充足。黑龙江省高校也积极谋划、率先发展数据科学与人工智能相关专业，在计算金融、智慧建筑与建造、海洋机器人、海洋信息工程、智能测控工程、智能材料与结构专业，黑龙江省高校依托优势学科开设专业，为特色领域发展提供了前瞻性人才供给。与人才储备情况相差甚远，黑龙江省缺乏有效的留人机制和创业创新环境，数字技术领域人才流失居全国前列，导致数字经济领域人才匮乏。与高技能人才类似，新业态领域其他服务型人才面临游离于"标准劳动关系"之外，缺乏权益保护制度，较低的社会保险覆盖率，严重超时劳动在降低就业质量的同时增加了劳动风险，缺少有效的工会组织覆盖，公共服务体系支撑性不足等问题。

（1）人才分布

以数字生产力为主的发展模式，需要大量的相关人才支撑以提供创新力量，高校作为国家创新体系的重要组成部分发挥着战略性力量。根据 2019～2023 年《中国科技统计年鉴》相关数据，随着数字经济的快速发展，我国高校关于信息科学与系统科学、电子与通信技术、计算机科学技术不断取得进步，在人员分布方面逐年递增。其中，计算机科学技术在人员投入规模较大，科研方面课题成果较多，2022 年投入 31867 人，相较于 2018 年增长了108%。电子与通信技术学科在 2022 年投入人员 26471 人，与 2018 年相比约增长了一倍。信息科学与系统科学在 2022 年投入人员数量为 11850 人，虽然相较于电子通信和计算机科学两类学科的人员投入较少，但是近年来由于数字经济的快速发展以及信息技术的需求扩展带动了该学科的发展，相较于2018 年增加了 1.4 倍，人员投入量的增长速度较快，学科的发展得到了充分重视（见图 3-5）。

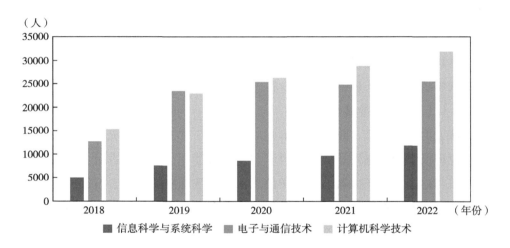

图 3-5　2018~2022 年高等学校分学科 R&D 课题人员分布情况

资料来源：2019~2023 年《中国科技统计年鉴》。

国家的高质量发展最终要靠高质量的人才支撑，"战略科学家"和"战略科技人才"是国家战略人才力量的"塔尖"。近年来，在信息技术科学、信息与电子工程领域的两院院士人数整体呈上升趋势，人才储备充足，为我国科技进步、社会发展作出巨大贡献。根据《中国科技统计年鉴 2023》和《中国科技统计年鉴 2019》相关数据，2022 年中国科学院院士在信息技术科学部的人数为 104 人，占当年科学院院士总人数的比例为 12.6%，相比于

2008 年信息技术科学部科学院院士人数增长了 31.6%。2022 年中国工程院院士在信息与电子工程学部的人数为 131 人，占当年工程院院士总人数的比例为 14.4%，相比于 2008 年信息技术科学部工程院院士人数增长了 24.8%。我国重视人才引领发展的战略地位，着重打造浓厚的学术氛围，为院士的成长提供了良好的环境。

根据《中国统计年鉴 2023》数据显示，2022 年，我国规模以上工业企业研究与试验发展人员全时当量为 421.467 万人，相较于 2021 年增长 10.1%，其中广东省研究与试验发展人员数目最多，为 772585 人，其次是江苏省（655930 人）。从全国层面上来看，黑龙江省研究与试验发展总人数为 18483 人，总体占比 0.4%，R&D 人员分布数量比较靠后，较 2021 年增长 19.7%，高于全国平均增长水平。当前，黑龙江省 R&D 活动的规模和强度相对薄弱，从人员分布数量上来看与广东、江苏、浙江、山东等省份相比还有较大差距。

根据中国信息通信研究院发布《中国数字经济就业发展研究报告：新形态、新模式、新趋势（2021 年）》（以下简称"报告"）的相关数据，数字经济领域的薪资水平呈现出显著的"阶梯式"差异。从图 3-6 中可以看出，高端岗位的分布呈现出向东部地区集聚的趋势，这种区域间的人才差距值得我们关注。为衡量高端岗位的集聚程度，报告采用了人才区位熵方法，测度各地区本科及以上学历人员与全部就业人员的比例，与全国所有就业人员数之比相除所得的熵。结果显示，高端岗位集聚度较高的地区主要集中在东部，这与当地数字经济的良好发展环境相互促进，形成了人才供需的良性循环。相对而言，中西部地区高端岗位聚集度较低，长期来看可能会进一步拉大区域间人才差距。

此外，《中国数字经济就业发展研究报告：新形态、新模式、新趋势（2021 年）》还通过区位熵方法对 2020 年各地区三大产业的产业集聚度进行了测度。区位熵值的高低反映了该产业在该地区的岗位集聚程度，大于 1 表示具有产业集聚优势，小于 1 则表示产业集聚不明显。从产业集聚的类型来看，我国主要呈现双产业集聚和单产业集聚两类。其中，双产业集聚地区包

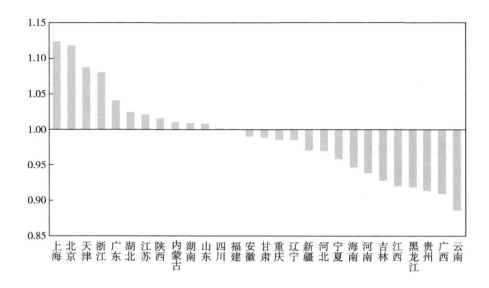

图 3-6　各地区数字经济高端岗位聚集度

资料来源：中国信息通信研究院。

括安徽、福建、贵州等地；单产业集聚地区则涵盖了北京、甘肃、广东等地。从岗位招聘的产业集聚度来看，第一产业在区域间的集聚差异最为显著，山西、内蒙古、云南等地的集聚度较高；第二产业次之，第三产业差异最小（见图 3-7）。

（2）人才就业

中国信息通信研究院《中国数字经济就业发展研究报告：新形态、新模式、新趋势（2021 年）》数据显示，从招聘岗位数量看，2020 年招聘岗位较多的省份包括广东、北京、上海、浙江等地区，数字经济岗位规模分别占全国总岗位的 25.74%、17.79%、12.25% 和 8.46%，岗位需求量与所在区域的经济发展水平高度相关。从区域分布视角上看，岗位需求数量呈现出由东向西递减的趋势，其中东部沿海地区对数字经济相关的岗位需求较旺盛，而中西部地区和东北地区的需求则相对较少，特别是东北地区，其招聘总量仅占整体招聘量的 1.59%。

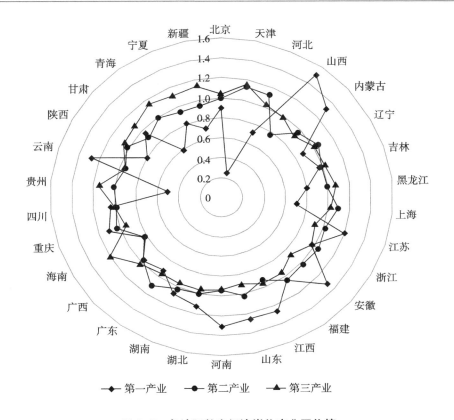

图 3-7　各地区数字经济岗位产业区位熵

资料来源：中国信息通信研究院。

　　数字经济发展对就业人员跨省流动有显著促进作用，特别是在东部地区，数字经济人才频繁跨省流动。一方面，数字经济的不断发展不仅能降低劳动力市场的信息交流成本，还能提升人才跨区域交流的频率。另一方面，数字经济的蓬勃发展催生出大量无须本地化就业的新型灵活就业形式，极大地拓宽了就业的区域范围。中国信息通信研究院《中国数字经济就业发展研究报告：新形态、新模式、新趋势（2021 年）》数据显示，北京、上海、广东、浙江、江苏五省输入输出岗位远高于其他省份，企业跨区域招聘和人才流动频繁。无论是工业互联网平台建设，还是数据中心建设，数字人才都不可或缺。《中国 ICT 人才生态白皮书》数据显示，到 2020 年我国数字化人才缺口将接近 1100 万，且伴随全行业的数字化推进需要更为广泛的数字化人才引入，人才需求缺口依然在持续放大。黑龙江省既缺乏高级信息与通信技术（ICT）人才，也缺乏技能型、应用型信息技术人才，针对不同层次数字人才，要打好引进人才、集聚人才、留住人才、用好人才的组合拳，才能助推黑龙江省数字经济发展。

中高端人才是指拥有 ICT 核心技术的数字人才，为数字生产力发展提供技术和方案支撑，除此之外，在数字经济就业领域还广泛存在中低端劳动密集型就业。2020 年 7 月 7 日发布的《关于维护新就业形态劳动者劳动保障权益的指导意见》，以及维护、保障快递与外卖配送员、货车司机、网约车司机等群体权益的专项意见，形成一套维权政策"组合拳"，新业态经济进入规范化发展的新阶段。

2020 年 10 月，本书根据黑龙江省总工会发放调查问卷 2 万份，对全省网约车司机、货车司机、外卖送餐员、快递配送员、保安员、家政服务员、护工护理员、房产中介员、商场信息员、网红主播、程序员开展调研。具体情况如下：

1）数字人才群体的主要特征。一是受教育程度较低。房产中介员、程序员和网络主播学历占比最高的类别为大学，其他群体则主要是初中、高中、中专水平。程序员的受教育程度虽然明显高于其他类人群，但是从全国调查数据看，黑龙江省程序员的学历水平较低。

二是城镇户籍人群占比较高。城镇户籍远高于农村户籍。除了家政服务员和网约送餐员城镇户籍占比略低，其他群体城镇户籍的占比都比较高。

三是从业时间较长。货车司机从业时间最稳定，商场信息员、保安员、家政服务员、护工护理员中从业三年以上的比例近半。总体来说，从业者均属于长期从事此类工作的情况，临时性的就业并不典型。

四是收入水平普遍较低。各类群体的收入水平普遍不高，部分人群月工资收入在最低工资水平以下。货车司机和程序员的收入虽然较高，但是与全国水平相比却显得较低。

五是家庭负担较重，经济压力较大。已婚人口占大多数，已婚人群中普遍存在较重的家庭负担。

2）数字劳动群体面临的主要问题。一是游离于"标准劳动关系"之外，缺乏权益保护制度。通过互联网自由接单的众包类型劳动方式不同于传统劳动法所调整的从属性劳动，当前，将这种新型就业关系纳入劳动法在司法实践层面都存在争议。在涉及平台与劳动者之间的劳动法律关系时，大多数平台企业都倾向于把这种新就业形态劳动者认定为非企业的正式雇员，不承认与其存在劳动关系，从而缺乏相关的权益保护。

二是较低的社会保险覆盖率导致劳动者抵御风险能力不足。企业缴纳"五险一金"主要是建立在劳动关系已确立的前提下，由于平台用工劳动者的劳动关系认定问题暂时没有达成解决共识，导致部分平台用工劳动者被排除在社会保险制度的有效覆盖范围之外。

三是建会入会程度较低，缺少有效的工会组织覆盖。过去工会组织会员的模式是"上级工会—企业—企业工会—员工"，但由于当前经济平台的用工模式由原来的"企业—员工"变为"平台/派遣公司—员工"，导致上级工会失去了依靠企业工会组织员工的基层支点，并且新就业形态群体具有流动性大、灵活性高等特点，加大了工会组建的难度。

四是公共服务体系支撑性不足。政府公共服务体系能够提供面向灵活就业群体的职业方面的培训、指导和介绍等服务，但专门以满足新就业形态群体需求为目标的有针对性的服务偏少，公共服务政策在新就业形态群体中知晓率不高。

3.1.1.3　数字劳动资料

（1）ICT 硬件建设

每百人使用计算机数能够在一定程度上反映该地区数字社会发展的情况，根据《中国统计年鉴 2023》相关数据，从 2022 年全国各省份每百人使用计算机数量为 37 台，相较于 2021 年增长 2%。其中，北京、上海的每百人使用计算机数突破 60 台，远超其他各省。黑龙江每百人使用计算机数 44 台，相比于 2021 年增长 4.7%，排全国第 7 位，超过全国的平均使用数量以及增长率，在东北三省也超过辽宁和吉林的使用台数。随着数字经济的发展，会有更多的人使用计算机，实现智能生产和生活。

从互联网宽带接入端口数来看，根据《中国统计年鉴2022》和《中国统计年鉴2023》相关数据，2022年全国共有107104.2万个端口，较2021年增长5.2%。广东、江苏、山东等地发展具有比较优势，均超过了7000万个端口。黑龙江省有2198.6万个端口，是辽宁省的69%，比吉林省多约367万个，同比2021年降低了2.7%。黑龙江省在互联网宽带接入端口发展方面应进一步加快步伐。

随着数字技术飞速发展，我国进入全新的数字技术时代，5G基站由于高速率、大容量、低延迟、覆盖广的特点，成为推动数字经济发展的重要硬件设施。根据《中国统计年鉴2023》相关数据，2022年全国移动电话5G基站共142.3万个。黑龙江省移动电话5G基站数有3.2万个，仅为广东省移动电话5G基站数的20.25%，比广东、江苏和浙江等经济更为发达的省份仍有较大提升空间。

目前，芯片被广泛应用在智能汽车、物联网、大数据等新兴技术领域，是推动数字生产力发展的关键。集成电路是多个芯片集成在一起形成的完整电路，集成电路的生产对电子信息技术行业的发展极为重要，也是衡量ICT硬件基础设施的常用指标。根据《中国统计年鉴2023》相关数据，2022年全国集成电路产量为3241.85亿块，江苏省集成电路产量为1004.42亿块，在全国遥遥领先，黑龙江省2022年集成电路的产量达3亿块，仅为江苏省产量的3%，为辽宁省产量的36.6%。

近年来，我国各地区算力规模发展稳步提升，根据中国信息通信研究院《中国算力发展白皮书2023》数据显示，在计算设备算力分布方面，2022年，北京、广东、浙江、上海、江苏在服务器市场和AI服务器市场中保持前五名，市场份额总计分别达到79%和90%。超算算力方面，天津、山东、江苏、北京等省份位居前列。从区域层面来看，东部地区对算力的建设需求较旺盛，贡献了全国90%的设备算力。据统计，目前中国在14个省市地区均有团队在开展大规模研发，北京、广东两地最多，上海、浙江紧随其后，与算力基础设施发展水平呈正相关，地域集中度相对较高。从基础设施算力分布来看，2022 年，上海、江苏、广东、河北、北京、山东、贵州、浙江、内蒙古和山西，基础设施算力规模均超过了 5EPlops，成为我国基础设施算力排名前十的省份。由于前期的基础设施算力规模的积累优势，并且随着智力中心的快速发展，北京、上海、广州、深圳及周边省份地区的算力进一步提升，与中西部地区的差距进一步扩大。黑龙江算力基础设施发展还较为滞后，排全国第 27 名。

中国信息通信研究院在《中国算力发展白皮书 2023》发布的数据显示，我国各省算力发展指数与地区生产总值有显著的正向相关性，算力对各省经济发展具有明显的促进作用，从图 3-8 中可以看出，从数据上来看，算力发展指数每上升 1 个单位，可带动的数字经济增长量达到 570 亿元，并促进地区生产总值增长约 1285 亿元，算力水平对经济的快速发展赋予新动能。整体来看，以北京、上海、广东为代表的地区算力规模较大，且算力环境较好，凭借其供给驱动的特征，不仅能满足自身的算力需求，还能为其他省份消费及行业提供算力支撑。相比之下，江苏、山东、河南、四川、湖北、福建、湖南等省份展现出强烈的需求拉动效应，对于算力需求较为旺盛。除此之外，河北、浙江、重庆、黑龙江等地则呈现出协同发展的特征，具体体现为数字经济与算力的协同发展，这些地区一方面承接优势地区的算力溢出效应，另一方面在扩大算力规模的同时继续挖掘算力应用潜力，充分发挥算力对当地经济发展的赋能作用。

黑龙江省数据中心布局呈现集聚态势。数据中心建设运营主体呈现多元化，全省已聚集多家数据中心运营企业，其中中国移动黑龙江公司、中国联通黑龙江公司、中国电信黑龙江公司等电信运营企业为建设主力，华为、国裕数据、龙采科技等第三方数据中心运营企业也抓紧布局。数据中心服务的终端用户规模持续扩大。

根据中华人民共和国工业和信息化部对大型数据中心布局和发展的指导意见，应优先在天气寒冷（即最冷月份平均气温不高于零下 10 摄氏度，且日均温低于 5 摄氏度的天数累计超 145 天）、电力资源丰富（发电量大于用电量）且自然灾害风险较低的区域进行建设。黑龙江省在东北三省中具有三方

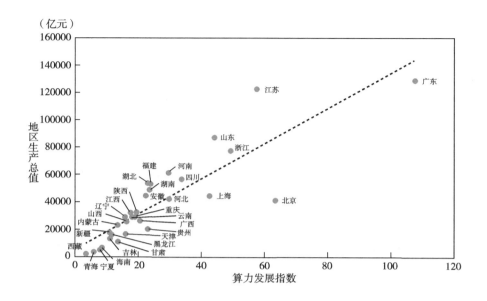

图 3-8 算力发展指数与 GDP 关系

资料来源：中国信息通信研究院。

面优势。一是先发优势。依托强大的数据中心基础，黑龙江早在 2010 年就率先提出发展云计算产业的计划，规划建设了云计算产业发展区——中国云谷，经过多年的发展已经初具规模。其中，中国移动哈尔滨数据中心坐落于哈南工业新城核心区，总占地面积高达 1294 亩，已先后启动三期工程，作为中国移动集团在全国布局的"3+3+X"中三大跨省数据中心之一，该中心承担着东北三省的 4G/5G 核心业务运行，还肩负着面向京津冀地区数据备份的重要使命，预示着其在国家信息化战略中的核心地位与广阔发展前景。

二是气温优势。黑龙江、吉林基本上都属于严寒地区，最冷月平均温度≤-10℃，日平均温度≤5℃的天数不少于 145 天，但是作为中国最北端以及陆地最东端的省级行政区，黑龙江省符合以上条件的低温天气天数要多于吉林省和辽宁省。

三是能源优势。根据《中国统计年鉴 2023》相关数据，2022 年，辽宁省发电量最多，但是消耗最大，发电量小于用电量，属于能源不充足地区。

黑龙江省近年来电量结余较多，能够发挥能源优势，支持大型算力中心的发展。东北三省用电情况如表 3-1 所示。

表 3-1　东北三省用电情况对比（亿千瓦时）

省份	指标	2022 年	2021 年	2020 年	2019 年	2018 年	2017 年	2016 年
黑龙江省	发电量	1217.59	1200.53	1137.84	1111.91	1029.21	917.28	900.41
	用电量	1139	1088.94	1014.4	995.63	973.88	928.57	896.62
	结余	78.59	111.59	123.44	116.28	55.33	-11.29	3.79
辽宁省	发电量	2256.77	2257.58	2135.26	2072.94	1982.69	1829.27	1778.76
	用电量	2551	2576	2423.4	2401.47	2302.38	2135.5	2037.4
	结余	-294.23	-318.42	-288.14	-328.53	-319.69	-306.23	-258.64
吉林省	发电量	1056.89	1025.75	1018.83	946.38	838.24	800.33	760.26
	用电量	852	843	805.4	780.37	750.57	702.98	667.63
	结余	204.89	182.75	213.43	166.01	87.67	97.35	92.63

资料来源：《中国统计年鉴 2023》。

2001 年起，全球互联网数据中心建设蓬勃发展，单体的建设规模在不断扩大，数据中心展现向超大规模化迁移的趋势。推动超大规模数据中心快速发展主要原因包括：云计算和大数据等快速变革带动数据流量爆炸式增长；物联网和智能设备增长导致大量非结构化数据产生、容器技术进步导致原生云计算和存储的巨量需求；获取更大的能源效率和成本效率的需求。尤其在全球电力短缺的背景下，布局超大规模数据中心势在必行。

从黑龙江省数据中心建设的主体看，中国移动和中国联通是主要的云计算提供商，肩负着为数字化转型发展提供分布式存储与分布式计算的责任。在中国移动集团构建的"4+3+X"全国战略格局中，中国移动数据中心作为三大跨省核心枢纽之一，不仅承载着集团一级 IT 云资源池的重任，还是 5G 核心网络八大关键区域的组成部分。同时也是移动云、咪咕业务主要节点。黑龙江省移动紧密跟随省委、省政府战略导向，充分发挥推动哈尔滨大数据产业发展的能动作用，致力于树立"中国北方数据中心"的标杆形象，为推动黑龙江省"数字龙江"战略实施和产业发展作出贡献。

联通数字科技有限公司云计算事业部哈尔滨中心（以下简称"联通哈尔滨数据中心"）在中国联通定位为：由联通数科公司全权运营的集团级大型数据中心。联通哈尔滨数据中心按照国际 T3 标准（可平稳升级到 T4）、国家 A 级标准建设，于 2018 年 2 月正式投入使用，属于国家级绿色数据中心试点单位，也是国资委批准的黑龙江省内唯一的中央企业境内共享数据中心，被列为国企优先选择的合作伙伴。2020 年被评为中国联通五星级数据中心。

联通哈尔滨数据中心于 2022 年启动二期工程建设。位于北纬 44°~46°，是全球范围内最适合设立云计算中心的黄金纬度，微软、谷歌、IBM、亚马逊等国际知名企业的数据中心均集中在此区域之间。联通哈尔滨数据中心距京哈高速 10 千米，距高铁站 25 千米（高铁约 5 小时到北京），距哈市城区 20 千米（地铁约 30 分钟），交通便捷，区位优势明显。虽然黑龙江省的数据要素发展具有基础设施、温度、能源、地理位置等优势，但是数据要素规模、数据要素相关企业数量、市场投资金额等方面的发展仍较为滞后。

（2）ICT 软件建设

数字经济的快速发展为软件产业的发展带来了新契机，软件日益渗透到各行各业，成为推动数字生产力发展的关键要素。从 ICT 软件建设上看，黑龙江省存在明显的短板，由于有效需求不足，ICT 产业比重低、龙头企业缺乏，无法为新经济业态大规模复制与全产业应用提供产品、技术、服务、基础设施与解决方案，围绕算力提升、算法优化、数据采集处理和重点行业应用，缺乏一批关键核心技术和应用创新技术，便捷高效的技术适配体系仍未形成。

根据《中国统计年鉴 2023》相关数据，2022 年我国软件业务收入 107790.13 亿元，较 2021 年增长 12.9%。其中，北京、广东、江苏等地发展程度较好，排在全国前列（见图 3-9）。黑龙江省发展数据经济的基础较为薄弱，为经济发展提供技术、产品、服务和解决方案的信息通信产业也相对薄弱。从软件和信息技术服务主要经济指标看，黑龙江省处于滞后状态。从软件业务收入看，2022 年黑龙江省收入为 59.29 亿元，排第 25 位，同比

2021 年增长 7%，提高了 2 个名次，说明黑龙江省软件业务收入情况向好发展，但是在东三省中黑龙江省仅为辽宁省软件业务收入水平的 2.86%，为吉林省的 11.86%，黑龙江省软件业务仍需进一步发展，向邻近省份看齐。

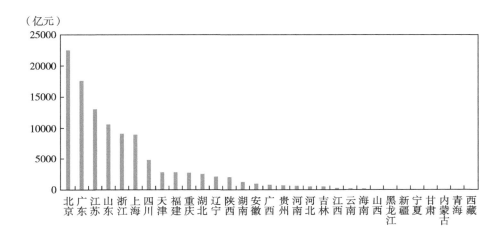

图 3-9　2022 年我国软件业务收入情况对比

资料来源：《中国统计年鉴 2023》。

从软件产品收入看，根据《中国统计年鉴 2022》和《中国统计年鉴 2023》相关数据，2022 年全国软件产品收入为 24862.99 亿元，占软件业务收入的 23%，较 2021 年增长 8.3%。其中，北京软件产品收入 5552 亿元，在全国范围内遥遥领先，广东、江苏地区发展也良好，均超过 300 亿元。黑龙江企业从事开发研制销售软件产品所获得的收入为 23.2 亿元，占软件业务总收入的 39.13%，说明黑龙江省软件产品在整个软件业务中占有重要比例。但是从整体软件产品收入上看，黑龙江省软件产品发展较为滞后，为辽宁省的 1.96%，为吉林省的 21.62%。

从信息技术服务看，根据《中国统计年鉴 2023》相关数据，2022 年我国信息技术服务收入为 70597.57 亿元，较 2021 年增长了 12.6%。其中，北京、广东、江苏、上海等地发展较好，排在全国前列。黑龙江省提供的集成电路设计、信息系统集成服务、物联网技术服务、运行维护服务、信息处理和存储支持服务、信息技术咨询服务、地理遥感信息及测绘地理信息服务等信息业务活动收入为 27.8 亿元，仅为辽宁省信息技术服务收入的 3.47%，为吉林省信息技术服务收入的 9.14%。可以看出，黑龙江省在信息技术发展上和其他地区仍有较大差距。

从信息安全收入看，根据《中国统计年鉴 2023》相关数据，全国信息安全收入总量为 1468.93 亿元，相较于 2021 年增长了 5.14%。其中，北京、山东、江苏等地信息安全发展较好，收入金额分别为 552.16 亿元、234.66 亿元、149.45 亿元。黑龙江省保护网络和计算机中信息和数据安全的专用设备制造和服务收入仅为 3.58 亿元，为辽宁省收入水平的 10.1%，但是增长速度较快，约是 2021 年信息安全收入的 4 倍。

嵌入式软件就是基于嵌入式系统设计的软件，它也是计算机软件的一种，系统架构通常由嵌入式微处理器、外部硬件设备、嵌入式操作系统及用户定制的应用程序四大核心要素构成，共同实现对其他设备的智能化控制、监测与管理。嵌入式软件由程序代码及其配套文档共同构成，是嵌入式系统不可或缺的关键组件。从嵌入式系统软件收入看，根据《中国统计年鉴 2023》相关数据，2022 年全国收入为 10860.64 亿元，其中山东、江苏、广东嵌入式软件行业发展较好，位于全国前列。黑龙江省嵌入式系统软件收入为 4.7 亿元，与 2021 年相比增长了 79.3%，为辽宁省收入水平的 8.6%。综上所述，黑龙江省嵌入式软件行业在全国位于中下游位置，产业整体有待进一步发展，但产业近年来整体增速大幅提升，在未来发展中具有追赶优势。

根据《中国统计年鉴 2023》相关数据，2022 年，全国软件业务出口规模为 642.65 亿美元，同比增长 2%。广东、江苏、北京软件出口业务发展较好，出口额分别为 254.07 亿美元、111.27 亿美元、85.61 亿美元。黑龙江省软件业务出口收入为 0.22 亿美元，主要软件业务出口企业为哈尔滨迈远电子商务有限公司和哈尔滨东悟科技有限公司，远落后于辽宁省和吉林省的出口规模。增长速度方面，黑龙江软件业务出口已经从 2021 年的负增长，到现在产业整体发展保持平稳，但仍需进一步加强技术融入、加大政策扶持力度、助力外贸企业缓解困难、促进出口平稳发展。

3.1.1.4　数字劳动对象

生产力发生变革，生产要素也必然发生变化，在数字生产力中数据成为新的生产要素，是劳动对象的一部分。从生产要素发展历程来看，任何新的生产要素的加入都要遵循当时的社会发展的客观规律。在农业经济社会，土地和劳动力成为主要的生产要素；在工业经济社会，大机器代替手工劳动获得迂回生产，资本成为主要的生产要素。20世纪以来，信息技术的迅猛发展使得生产要素的范围再次扩大，大数据、云计算、人工智能等现代数字技术的发展推动社会经济进入了数字经济时代，数据作为新型劳动对象被广泛应用到生产当中。当前，数据已经成为数字时代新型生产方式的主要生产要素，并成为当前数字经济发展创造价值的"最核心的生产要素"。尤其是在人工智能快速迭代、大模型与大数据相得益彰的发展态势中，数据要素战略地位进一步凸显。

（1）国内数据归集情况

根据各省、市政务大数据官方平台发布的相关数据（见表3-2），截至2023年12月，全国范围内浙江、广东、山东、重庆、上海等地公开的数据目录、数据集、数据接口、数据量等较大，且涉及多个部门、单位。其中浙江省数据目录、数据集、数据接口、数据量都能排全国前三，整体数据要素开放数量、归集质量较好。山东省在全国无条件开放的数据量在全国处于领先地位，省内本级无条件开放的数据集平均容量超过200亿，省域内所有地市开放的数据集平均容量超过46万，开放高需求、高容量的数据名列前茅，尤其体现在企业注册登记、气象、卫生等领域。广东省数据目录、数据集、数据量均位于全国前列，数据开放平台提供了较便利的数据接口，调用所需参数较少，数据利用比较方便。贵州省开放的数据质量较高，目前开放的数据集有19293个，且比较重视与数据用户的互动和反馈，对用户有条件的申请、未开放数据、意见和建议、数据纠错和权益申诉进行了有效回复，并及时进行公开，在数据量较大的条件下保证数据质量。2016年以来，黑龙江省政府加快各级部门推进政府数据向公众开放，并采取了有效措施。例如，黑龙江省政务大数据服务平台自上线以来，截至 2023 年 12 月，开放了 23 个部门、1010 个数据接口、30 个数据应用、超过 1 亿条数据，发布省级数据目录6265 条，市（地）数据目录 1.8 万条，为全省提供数据共享服务 51.32 亿次。推进数据"按需归集、应归尽归"，省级数据资源中心汇聚、治理数据总量突破 700 亿条。数据主要涉及信息、道路、资源、运输、金融、文化、卫生、农业等领域。

表 3-2 部分省、市政务公开数据情况

省份	数据目录（个）	数据集（个）	数据接口	数据（亿）	数据应用（个）	部门、单位数（个）
浙江	206163	32919	16457	162.84	—	56
广东	86294	84610	1684	—	120	54
山东	77895	—	19200	205	95	56
重庆	63796	10120	299	—	17	61
上海	44799	5447	2129	199.3	81	50
安徽	15600	—	32000	0.2867	—	—
广西	9876	—	707	—	101	87
福建	8304	—	6758	0.0016	161	—
黑龙江	6265	—	1010	1	30	23
海南	4891	1167	4985	65.29	2	289
宁夏	2004	—	6	0.4231	7	28
湖北-武汉	1439	1367	1026	0.538	—	61
江苏	783	—	—	1.69752	15	—
山西	489	112	1	0.02392	—	21
江西	351	—	155	0.1115	—	—
辽宁	252	—	80	—	—	27
湖南	208	272	10	—	—	—
天津	—	5530	1038	—	16	61
贵州	—	19288	14976	—	—	—
北京	—	18573	14799	71.86	—	115
贵州	—	19293	14981	0.04937	—	1144

省份	数据目录（个）	数据集（个）	数据接口	数据（亿）	数据应用（个）	部门、单位数（个）
河北–承德	—	111	—	0.01023	16	25
新疆–乌鲁木齐	99	99	7	0.00011	—	25

注：表中所涉及的数据系从各省份的政务平台上采集而来。然而，鉴于部分省份未公开相关数据，致使相关数据存在一定程度的缺失。

资料来源：笔者根据各省、市政务大数据官方平台整理所得。

对复旦大学数字与移动治理实验室发布的《2022 中国地方政府数据开放报告》中对全国前十省份的数据容量、有效数据集总数和单个数据集平均容量进行比较。数据容量反映了平台上可访问与下载的数据集丰富度与精细度，相较于单个的数据集的容量，更能直观体现一个省份的数据开放总量；单个数据集的平均容量则成为衡量各省开放数据集质量的重要指标。如图 3–10所示，山东省在有效数据集总量与数据容量上均领跑全国，浙江省则在单个数据集平均容量上表现最好。黑龙江省有效数据集总数位于全国前十，单个数据集平均容量较高，排全国第七。

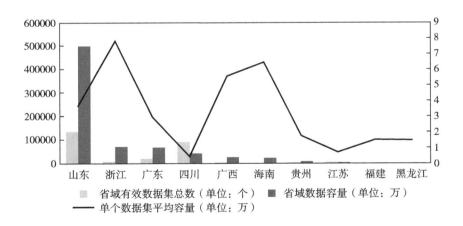

图 3–10 省域数据容量（前十名）、有效数据集总数和单个数据集平均容量比较情况
资料来源：《2022 中国地方政府数据开放报告》。

（2）黑龙江省数据情况

根据黑龙江省政务大数据服务中心相关数据，自黑龙江省政务大数据服务平台上线以来，开放超过 1 亿条数据。该平台的数据访问量较大，访问用户地址主要集中在黑龙江省本地，其次北京、广东、山东对黑龙江省数据平台较为关注、访问量较多、互动比较密集。从表 3-3 可以看出，截至 2023 年12 月，在城市数据方面，省级数据中针对哈尔滨市的数据量较多，共有数据目录 3303 个，占全省的 54%，数据接口 313 个，占全省的 31%。鸡西、佳木斯、双鸭山、牡丹江数据目录都超过了 300 个，大兴安岭地区、黑河数据开放程度表现较差，数据接口为 0 个。可以看出，黑龙江省整体数据开发区域差异性较大，数据开放程度有待提高。

表 3-3　黑龙江省政务大数据中心数据情况

	哈尔滨	鸡西	佳木斯	双鸭山	牡丹江	大庆	伊春	绥化	七台河	齐齐哈尔	鹤岗	大兴安岭	黑河
数据目录	3303	412	369	346	300	250	228	243	200	203	210	16	0
数据接口	313	30	50	42	43	85	80	12	54	28	6	0	0

资料来源：黑龙江省政务大数据中心。

哈尔滨市数据开放量较多，哈尔滨市公共数据开放平台公布的数据显示，截至 2023 年 12 月，哈尔滨开放了 51 个部门、数据目录 3137 个，其中大数据中心、发展和改革委员会、住房和城乡建设局、统计局、市场监督管理局、农业农村局等部门发布的数据目录较多。平台的数据接口为 2776 个，其中信用服务、资源环境、农业农村、公共安全、财税金融等领域的数据接口量较多，主要涉及城市、信息、民生、工业、卫生、气象、信用等领域。

在农业数据要素应用方面。根据 2024 年 7 月黑龙江省农业农村厅发布的数据，2024 年，省级农机智慧调度系统已覆盖智能监测终端 10.82 万台，实现免耕播种、深松整地、秸秆还田等重点农事作业的智能监测，成为相关政策性补贴的重要依据；智慧植保系统已覆盖全省，农作物病虫疫情监测点达

10000 个，"掌上植保" App 注册用户超过 30 万，实现植保技术服务数字化、掌上化；建设完善农产品质量安全追溯平台，入网企业达到 3560 家；建设兽医数字化平台，实现耳标管理、动物检疫等业务功能闭环管理，为养殖户提供动物检疫证明无纸化出证服务，2024 年初以来累计无纸化出证 19.2 万份；建设"黑土优品"数字化管理系统，全省 923 款农产品纳入平台管理，在"哈洽会"上实现"一物一码"赋码管理。

在工业数据要素应用方面。哈尔滨市与航天云网合作建设了"龙哈工业云平台"，平台已于 2019 年 6 月正式上线运行。截至 2022 年，龙哈工业云平台已有全省 2000 多家企业注册，现平台企业发布产品能力 1300 余条，为企业嫁接供需对接平台，完成设备接入 4000 多台，涵盖精品工业云化软件 10 余款，为了实现龙哈工业云平台的快速发展，并确立其作为区域企业云化转型的坚实支撑与核心驱动力，航天云网公司精心规划了龙哈工业云平台下阶段运营方向，涵盖体系架构、战略导向及运营模式，积极塑造成一个功能稳健、商业模式明确、具备广泛复制性的工业云平台标杆。

在服务业数据要素应用方面。生活服务类平台方面，2021 年"健康龙江惠民服务平台"日前上线，提供在线预约挂号等服务，让"信息多跑路，患者少跑腿"，患者通过健康龙江惠民服务网、"健康龙江服务平台"微信公众号登录后，可以浏览健康资讯，在线检索该省开展线上服务的医院，查阅优质科室、知名专家，进行网上预约挂号、缴费、就诊结果查询等。金融服务类平台方面，大庆产业金融服务平台作为全省唯一一家接入全国中小企业融资综合信用服务平台的地方自建平台，在 PC 端上线金融抗疫融资服务专区，为全市企业提供政策解读、融资需求发布、金融产品匹配等综合服务。平台还对线上融资服务进行升级，推出手机端窗口大庆金服 App，提供"零接触""零费用""线上咨询""线上融资对接"等掌上便捷融资服务，切实解决企业在特殊时期的融资难题。

3.1.2 数字生产关系的发展现状

数字生产力的发展要求数字生产关系与之相适应，主要体现在数据生产、分配、交换和消费关系的重构，以适应数字生产力的指数增长。

3.1.2.1 数据交易平台

数据交易平台的功能是基于数据交易所制定数据交易流程和规范体系。在交易过程中强化风险控制，帮助企业以更合规、高效的方式获取外部的数据资源，并促进数据要素市场的繁荣与发展。数据交易平台服务贯穿了数据交易的各个阶段，从交易前的质量评估、合规评估、资产评估，到交易中的联合查询、联合识别、联合建模，再到交易后的核验与仲裁纠纷，全方位保障数据流通的顺畅与安全，促进产业生态的良性循环（见图3-11）。

图3-11 数据交易平台服务作用

资料来源：中国信息通信研究院。

2014年起，我国逐步建立类似证券交易所形式的数据交易机构，中国信息通信研究院发布的《数据要素交易指数研究报告（2023年）》显示，截至2022年11月，全国范围内已设立48家数据交易机构，另有8家正在筹备建设中。近几年，随着国务院多项重要政策的出台，各地区为了消除市场上的信息差，构建科学合理的市场价格机制及可复制的交易规则体系，纷纷增设数据交易机构。黑龙江省对数据要素的重视程度较高，意识较早，早在2016年就成立了哈尔滨数据交易中心，主要业务是面向全国提供创新型交易模式的数据交易服务，向社会提供完整的数据交易、支付、结算、交付、安全保障、数据资产管理等服务。目前，我国主要数据交易所集中在北京、江苏、上海、山东、湖北等地，黑龙江省仅有1个数据交易中心，数据交易市场仍有巨大上升空间。

3.1.2.2 数据开放

根据复旦大学和国家信息中心数字中国研究院所联合发布的 2023 年《中国地方政府数据开放报告》（以下简称《开放报告》）相关数据，指数分值较高的地区主要集中在山东、浙江、广东、贵州、四川等区域，黑龙江省数据开放程度暂时落后，在全国居第五梯队。

从数据开放程度上看，2023 年我国已有 226 个省级和城市的地方政府上线了数据开放平台，与 2022 年下半年相比平台总数增长约 9%。《开放报告》把全国数据开放程度用开放"树林"指数分值进行量化，并用多维度指标体系将城市公共数据开放状况细分为五个指标进行测度。准备度是数据开放的基础，由法规政策、组织开放两个指标构成；服务层是数据开发的中枢，由平台体系、运营功能、权益保障、用户体验四个指标构成；数据层是数据开放的核心，由数据质量、开发范围、数据数量、安全保护四个指标构成；利用层是数据开放的成效，由利用促进、利用多样性、成果数量、成果质量、成果价值五个指标构成。其中，杭州市和德州市表现最优，公共数据开放程度较好，位于数据开放第一等级。日照、济南、上海、青岛表现也较良好，位于数据开放第二等级。东营、温州、深圳等城市数据开放程度取得指数也比较优异。哈尔滨位于开放"数林"指数城市前五十名，准备指数为 4.91、服务层数据指数为 10.25、数据层指数为 15.97、利用层指数为 3.35、综合指数为 34.48，排第 47 位。

3.1.2.3 数据交易市场

根据大数据流通与交易技术国家工程实验室与上海数据交易所发布的《中国数据交易市场研究分析报告（2023 年）》中的数据，中国数据交易行业在过去几年内经历了稳定高速增长的发展阶段，2021~2022 年，中国数据交易行业市场规模由 617.6 亿元增长至 876.8 亿元，年增长约 42%，增速明显。当前，数据行业发展较好，在国家政策大力支持的背景下，预计未来 3~5 年中国数据交易市场仍会继续保持高增长，预测至 2025 年，数据行业市场规模有望达到 2046 亿元，年末复合增长率可达到 34.9%。到 2030 年，中国数据行业市场规模有望达到 5155.9 亿元，2025～2030 年复合增长率预计达到 20.3%，如图 3-12 所示。

图 3-12 2021～2030 年中国数据交易行业市场规模及预测（以交易额计）

资料来源：大数据流通与交易技术国家工程实验室、上海数据交易所。

近年来，中国数据交易行业快速发展，在数字化建设中数据资源是发展的核心要素。根据大数据流通与交易技术国家工程实验室与上海数据交易所发布的《中国数据交易市场研究分析报告（2023 年）》相关数据，2022 年，中国大数据产业规模达到 1.57 万亿元，同比增长 18%，数据产量达到 81ZB，同比增长 22.7%，占全球数据总量的 10.5%，数据资源的供给能力和流通应用创新不断提升，数据要素正式成为新型的生产要素。预计到 2025 年中国数据交易市场规模 CAGR 可达到 34.9%，远高于全球和亚洲数据交易市场规模 CAGR。2025～2030 年，中国数据交易市场规模 CAGR 预计将维持在 20.3% 的增长水平（见图 3-13）。

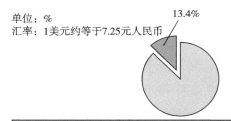
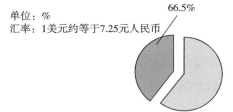

2022年中国数据交易市场规模在全球的占比
单位：%
汇率：1美元约等于7.25元人民币
13.4%

2022年中国数据交易市场规模在亚洲的占比
单位：%
汇率：1美元约等于7.25元人民币
66.5%

	中国数据交易市场规模	全球数据交易市场规模
2022年	876.8亿元人民币	906亿美元

	中国数据交易市场规模	亚洲数据交易市场规模
2022年	876.8亿元人民币	182亿美元

	全球数据交易市场规模	亚洲数据交易市场规模	中国数据交易市场规模
CAGR（2021–2025E）=	14.4%	23.3%	34.9%
CAGR（2025E–2030E）=	15.8%	22.4%	20.3%

图 3–13　中国数据交易行业市场规模数据

资料来源：大数据流通与交易技术国家工程实验室、上海数据交易所。

根据工业和信息化部发表的相关数据可以看出，2022 年中国经济区中数据交易市场规模主要集聚在长江经济带区域，以上海、安徽、浙江、江苏为代表的长江三角区发展较好。依照经济区划分来看，数据交易市场的主要发力区域在长江三角区，由于具备较好的经济发展基础和利好的政策环境，交易规模占全国市场的 27.7%。粤港澳地区的数据交易市场发展也比较强势，占 14.4%，而川渝地区的占比为 7.2%。从整体上看，发展较好的前十名分别为广东、北京、上海、浙江、江苏、福建、山东、四川、湖北和河南。黑龙江省数据交易市场规模占比较低，这主要是受到了经济基础和人口的限制，导致数据交易在这些市场中的产量和销量都明显不足。

从各行业数据交易市场来看：中国数据资源应用场景较为丰富，金融、互联网、通信、制造工业、政务、医疗健康、交通运输和教育等细分行业对数据产品的应用需求均呈上升趋势，未来交易规模有望进一步提升。上海数据交易所发布的《2023 年中国数据交易市场研究分析报告》显示，2022 年中国数据交易市场规模达到876.8亿元，其中从数据应用领域来分析，金融行业的数据交易规模为306.9亿元，规模占比达到35%，是目前最大细分行业的数据交易市场，预测至2025年，其市场规模有望增长至2046亿元。互联网行业的数据交易规模达到210.4亿元，交易规模各占据整体市场的约24%的市场份额。通信行业的数据交易规模达到78.9亿元，占比约为9%。制造工业、政务及医疗健康行业的数据交易情况较为接近，分别约为61.4亿元、61.4亿元和52.6亿元，占比为6%~7%，此外还有其他行业（如文旅、农业等行业）数据交易市场规模占比约为8%，如图3-14所示。

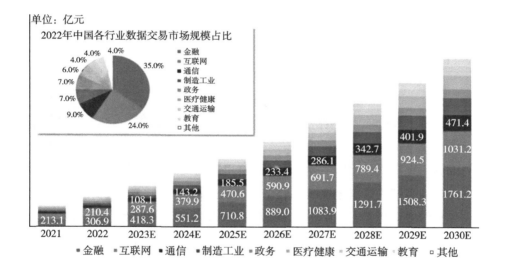

图3-14　2021~2030年中国各行业数据交易市场规模及预测（以交易额计）

资料来源：上海数据交易所。

从国家工业信息安全发展研究中心发布的数据要素相关企业全国分布情况可以看出，数据要素相关企业主要分布在广东、上海、江苏、山东、四川、北京等地区，黑龙江省的数据要素企业量在全国排名中较为靠后，这主要是受到了经济基础和人口的限制，导致数据交易在这些市场中的产量和销量都明显不足。

3.1.2.4 数据要素市场政策

自从在党的十九届四中全会上首次将数据增列为生产要素以来，中央发布多项政策文件，围绕数据要素发展进行谋篇布局（见表3-4）。一系列顶层设计逐步细化了数据要素领域的各项任务与标准，为数据在更广阔空间内的有序流动、高效集聚及价值深度挖掘与应用指明了清晰的路径。

表3-4　多项政策文件围绕数据要素布局

发布日期	相关政策文件名称	政策文件内容
2022 年 12 月	《中共中央、国务院关于构建数据基础制度更好发挥数据要素作用的意见》	提出构建数据基础制度体系，促进数据合规高效流通使用
2022 年 4 月	《中共中央、国务院关于加快建设全国统一大市场的意见》	提出加快培育统一的技术和数据市场
2021 年 12 月	《要素市场化配置综合改革试点总体方案》	细化建立数据要素市场规则的具体要点
2021 年 12 月	《"十四五"数字经济发展规划》	提出"十四五"时期的发展目标，要充分发挥数据要素作用
2020 年 5 月	《中共中央、国务院关于构建更加完善的要素市场化配置体制机制的意见》	首次提出要加快培育数据要素市场

近年来，我国数据技术合规要求陆续出台。随着信息科技飞速发展，人脸识别、自动化决策等技术开始逐步走进社会生产和人民生活。与此同时，信息泄露、信息滥用等先进技术带来的个人信息保护问题逐渐凸显，从技术层面强化安全合规监管的呼声日益高涨。在人脸识别技术方面，2021 年 7 月，最高人民法院发布了《最高人民法院关于审理使用人脸识别技术处理个人信息相关民事案件适用法律若干问题的规定》，以列举的方式明确了侵害自然人人格权益的行为类型，明确了处理人脸信息时需获得单独同意且不得捆绑授权或变相强迫，让个人更加充分地参与到人脸信息处理的决策过程中，防止信息被无感知、捆绑式地收集。

在自动化决策方面，除《中华人民共和国个人信息保护法》外，2021 年 8 月 27 日，国家网信办发布的《互联网信息服务算法推荐管理规定（征求意见稿）》着力解决算法推荐领域的乱象，建立由网信部门、行业自律和社会监督相配合的全面监督管理体系。该规定要求对算法建立分类分级制度，对特殊算法推荐服务的提供者进行备案管理和安全评估。我国部分数据立法列表如表3-5所示。

表 3-5　国家数据立法列表（部分）

发布日期	发布主体	名称
2021 年 9 月	工业和信息化部	《工业和信息化领域数据安全管理办法（试行）（征求意见稿）》
2021 年 9 月	中国人民银行	《征信业务管理办法》
2021 年 7 月	国家互联网信息办公室	《关键信息基础设施安全保护条例》
2021 年 10 月	国家互联网信息办公室	《数据出境安全评估办法（征求意见稿）》
2021 年 10 月	全国人大常委会	《中华人民共和国反垄断法（修正草案）》
2021 年 8 月	国家互联网信息办公室	《互联网信息服务算法推荐管理规定（征求意见稿）》
2022 年 3 月	国家互联网信息办公室	《未成年人网络保护条例（征求意见稿）》
2022 年 3 月	国家互联网信息办公室	《互联网弹窗信息推送服务管理规定（征求意见稿）》
2022 年 2 月	工业和信息化部	《车联网网络安全与数据安全标准体系建设指南》
2023 年 4 月	国家互联网信息办公室	《生成式人工智能服务管理办法（征求意见稿）》
2023 年 4 月	国家互联网信息办公室、工信部等 5 部门	《关于调整网络安全专用产品安全管理有关事项的公告》
2023 年 5 月	国家互联网信息办公室	《个人信息出境标准合同备案指南（第一版）》
2024 年 3 月	国家互联网信息办公室	《促进和规范数据跨境流动规定》

根据中国信息通信研究院《大数据白皮书》数据，截至 2021 年 10 月，共完成三批次 33 家企业调研和评估，覆盖电信、互联网、金融、汽车等行业，通过对评估和调研的数据进行分析可以看出，当前企业数据安全治理组织架构以多样化形式呈现，并确定了企业内部数据安全治理责任体系。其中，32.3% 的餐饮企业设置了专门数据安全治理工作委员会，由一把手牵头负责企业整体数据安全工作的规划和建设，能在一定程度上保证数据安全治理；45.2% 的参评企业通过设置数据安全管理团队来保障相关工作的有效执行，

这表明近八成企业已经形成数据安全管理的责任体制，对落实法律法规要求具有良好的基础。

数据安全风险评估能够帮助企业识别自身数据安全面临的风险以及可能的危害，并给出整改措施，企业通过定期进行风险评估能够有效改善潜在的数据安全隐患。根据中国信息通信研究院《大数据白皮书》数据，在数据监管力度日益完善的背景下，目前已经有45.2%的参评企业全部业务开展数据安全风险评估，有35.5%的企业部分业务开展数据安全风险评估，19.3%暂未开展相关评估。实际上，有80.7%的参评企业已在全部或部分业务定期开展数据安全风险评估工作。

我国数据网络治理持续推进，如表3-6所示。2022年，我国网络立法围绕数据安全、网络基础设施、数字技术、网络平台等方面持续推进。首先，数据是我国网络立法建设中的重点规范领域，随着《中华人民共和国网络安全法》《中华人民共和国数据安全法》《中华人民共和国个人信息保护法》的出台实施，数据领域的顶层制度设计初步形成。2022年，为进一步落实立法要求，相关配套加速制定，尤其在数据跨境流动领域表现突出，《个人信息出境标准合同规定（征求意见稿）》《数据出境安全评估办法》等文件相继公布或出台，规定了更加明确的数据出境路径。同时，工业和信息化领域贯彻顶层制度设计，制定出台该领域数据安全管理办法；地方立法也注重从自身实际出发，通过具体措施为数据开放共享明确要求。其次，为呼应网络基础设施安全保护和新技术新业务规范发展的现实需要，《网络安全审查办法》《中华人民共和国网络安全法》的修订工作稳步推进，重点领域关键信息基础设施的管理规定不断完善。同时，针对算法推荐、深度合成等新技术新业务的快速发展，监管探索针对性管理要求，确保新技术在法治轨道上创新前行。最后，突出对互联网平台的重点整治，如为解决互联网平台发展突出问题，聚焦打击电信网络诈骗的《中华人民共和国反电信网络诈骗法》正式出台，修改后的《中华人民共和国反垄断法》明确了反垄断制度在平台经济领域中的适用。

表 3-6　数据网络立法梳理（部分）

效力位阶	名称	实施日期
法律	《中华人民共和国反电信网络诈骗法》	2022 年 12 月
	《互联网信息服务算法推荐管理规定》	2022 年 3 月
	《互联网用户账号信息管理规定》	2022 年 8 月
	《数据出境安全评估办法》	2022 年 9 月
	《互联网信息服务深度合成管理规定》	2023 年 1 月
法律法规配套规范文件	《关于推进实施国家文化数字化战略的意见》	2022 年 5 月
	《文化和旅游部办公厅关于进一步加强政务数据有序共享工作的通知》	2022 年 8 月
	《关于办理信息网络犯罪案件适用刑事诉讼程序若干问题的意见》	2022 年 8 月
	《数据出境安全评估申报指南（第一版）》	2022 年 8 月
	《关于进一步规范移动智能终端应用软件预置行为的通告》	2022 年 12 月
法律法规征求意见稿	《关于修改〈中华人民共和国网络安全法〉的决定（征求意见稿）》	2022 年 9 月
	《中华人民共和国反不正当竞争法（修订草案征求意见稿）》	2022 年 11 月
部门规章、规范性文件征求意见稿	《个人信息出境标准合同规定（征求意见稿）》	2022 年 6 月
	《电信领域违法行为举报处理规定（征求意见稿）》	2022 年 7 月
	《关于开展网络安全服务认证工作的实施意见（征求意见稿）》	2022 年 7 月
	《广播电视和网络视听节目制作经营管理规定（征求意见稿）》	2022 年 8 月
	《网信部门行政执法程序规定（征求意见稿）》	2022 年 9 月

黑龙江省委、省政府高度重视数据在政府治理中的重要作用，制定了一系列政策文件（见表 3-7）。从政策层面看，黑龙江省仍处于落实国家层面数字治理的阶段，由于财政资金限制与政策落地滞后等原因，缺乏系统性地方政策落地，同时大数据条例立法进度滞后于数字经济发展实践，标准体系暂时无法有效支撑新业态、新模式孵化。现有主要政策以申请中央预算资金支持为主，缺乏地方性专项鼓励性政策支持，并且各级各类中央财政有关数字经济项目资金缺乏有效统筹，使用效率不高。虽然《关于推动数字龙江建设加快数字经济高质量发展若干政策措施》开始公开征求意见，但从意见发布到实施细则出台，还有一定时间期限。从法律法规看，由于新经济业态发展在迭代速度、数据安全、平台垄断等领域具有独特规律，需要从法律法规层面提供超前保障。黑龙江省主要是引入数字治理国家层面法律法规，缺乏针

对黑龙江省数字经济地域特点的地方法律法规体系，导致市场主体观望态度明显。虽然《黑龙江省促进大数据发展应用条例》开始公开征求意见，但数字经济头部省份已经形成大数据应用条例、数字经济条例、数据标准等完善的法律法规体系。随着数字经济持续快速增长，多地正积极推动数字经济促进型立法，浙江省、广东省、北京市均已发布《浙江省数字经济促进条例》《广东省数字经济促进条例》《北京市数字经济促进条例》立项说明等配套文件。贵州、天津、安徽、山东、山西、海南、北京、重庆等21个省市先后出台大数据发展促进条例，贵阳、西安等地市先后出台大数据安全管理条例。可以清晰看出，发达省份已经从数字经济总体立法、大数据专项立法和省会城市的地方立法层面为数据经济发展提供了立法保证。

表 3-7　黑龙江省数字政府部分政策梳理

发文日期	文件名称	主要内容
2018 年 8 月	《关于"数字龙江"建设的指导意见》	以数字经济推动高质量发展
2019 年 6 月	《黑龙江省人民政府关于推进"办事不求人"工作的指导意见》	推动政务服务事项"一网通办"、全城通办、就近能办、异地可办，"办事不求人"
2019 年 6 月	《黑龙江省人民政府关于印发"数字龙江"发展规划（2019-2025 年）的通知》	"数字龙江"建设总体要求、基本原则、战略定位、发展目标、总体框架等
2019 年 6 月	《黑龙江省人民政府关于印发黑龙江省加快推进一体化在线政务服务平台建设实施方案的通知》	推进一体化在线政务服务平台建设，提升政务服务效率和质量
2020 年 10 月	《关于建立全省统一规划体系的工作方案》	建立黑龙江省统一规划体系，明确构成及功能定位，完善管理制度
2020 年 4 月	《黑龙江省人民政府办公厅关于印发省政府 2020 年立法工作计划的通知》	紧扣重大决策，突出重点立法，提高立法质量和效率
2020 年 6 月	《关于印发〈黑龙江省线上政务服务考核办法（暂行）〉的通知》	规范线上政务服务考核，提升政务服务质量和效率
2020 年 7 月	《黑龙江省人民政府办公厅关于进一步开展政务服务"好差评"工作提高政务服务水平的实施意见》	建立政务服务管理制度，开展政务服务"好差评"，提升政务服务质量和水平
2021 年 10 月	《黑龙江省人民政府关于印发推动"数字龙江"建设加快数字经济高质量发展若干政策措施的通知》	推动"数字龙江"建设，加快数字经济高质量发展，制定政策措施

3.1.3 数字生产方式的发展现状

生产方式是划分社会形态的基本标志。随着生产方式的矛盾运动，一种生产方式正被另一种生产方式所代替，原来的社会制度也被新的社会制度所代替，社会不断由低级向高级发展，主要体现在社会数字化程度不断加深，各个产业向数字化方向进阶发展。

3.1.3.1 数字化程度

在社会快速发展和相应政策支持下，我国数字经济发展水平显著提升（见图3-15）。根据中国信息通信研究院的《中国数字经济发展研究报告2023》相关数据，2022年，我国数字经济规模首次跨越50万亿元大关，达到50.2万亿元，较"十三五"初期实现了倍速增长，同比名义增长率达到10.3%，高于GDP名义增速4.98个百分点，占GDP比重达41.6%，彰显出数字经济强劲的发展态势。面对经济新常态下的下行压力，各级政府纷纷将数字经济视为驱动经济增长的新引擎，数字经济由于渗透性、数字化程度高等特点，成为宏观经济发展的"加速器"和"稳定器"。

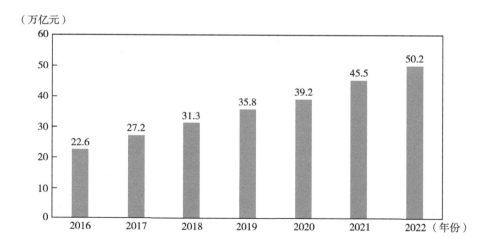

图3-15 2016~2022年我国数字经济规模

资料来源：中国信息通信研究院。

随着数字技术的不断创新发展，互联网、大数据、人工智能和实体经济不断深度融合，产业数字化以及数字产业化的双轮驱动成为发展新格局的重要支柱。中国信息通信研究院的《中国数字经济发展研究报告2023》数据显示，2022年，我国数字产业化规模达到9.2万亿元，同比名义增长10.3%，占GDP比重7.6%，占数字经济比重18.3%，数字产业化向强基础、重创新、筑优势方向转变。同时，互联网大数据、人工智能等数字技术赋能作用更加突出，对数字经济增长的主引擎作用更加凸显。2022年，产业数字化规模为41万亿元，同比名义增长10.3%，占GDP比重33.9%，占数字经济比重81.7%。如图3-16所示。

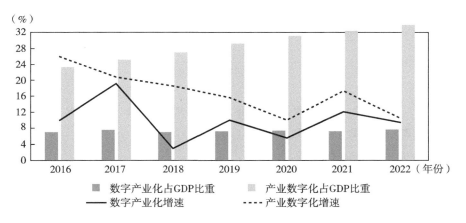

图3-16　2016~2022年我国数字经济内部结构情况

资料来源：中国信息通信研究院。

各地方政府积极响应"十四五"规划，加速推进数字经济区域布局，制定差异化发展战略，涌现出一批数字经济发展高地。中国信息通信研究院《中国数字经济发展研究报告2022》数据显示，2021年，全国共有16个省市数字经济规模突破万亿元大关，较2020年增加三个省份，以广东、江苏等为代表的省市领跑全国。北京、上海、天津等省市数字经济的GDP占比已超五成，数字经济成为区域经济发展的主导力量。此外，浙江、福建、广东、江苏、山东、重庆、湖北等省市数字经济占比亦超过全国均值。从增速来看，贵州、重庆等地以超20%的同比增速领跑全国，展现出强劲的发展潜力。黑龙江省在数字经济占 GDP 比重的贡献上排第 21 位，数字经济规模发展较小，数字经济规模增长速度也较为缓慢（见图 3-17）。

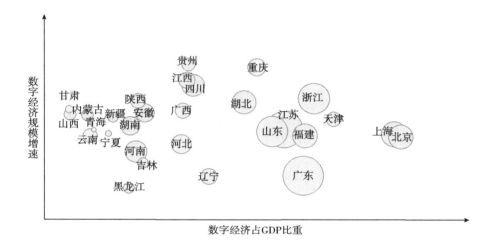

图 3-17　2021 年我国部分地区数字经济规模、占比、增速情况

注：圆圈大小表示数字经济规模。

资料来源：中国信息通信研究院。

3.1.3.2　农业数字化

农业农村部发布的《中国数字乡村发展报告（2022 年）》数据显示，我国数字乡村建设在 2021 年的显著成效，整体发展水平达到 39.1%。首先，乡村数字化的基础设施建设取得较好的成绩，全面覆盖农村网络基础设施已经成为现实，行政村宽带接入率达到 100%，光纤与 4G 网络的覆盖率达到 99%。截至 2022 年 6 月，农村互联网渗透率达到 58.8%，与"十三五"初期相比，城乡互联网普及率差距缩小近 15 个百分点。其次，智慧农业发展加快推进。数字育种、智能农机装备、智慧农场及数字养殖等关键领域均取得突破性进展，依托数字技术推动农业生产向标准化、规模化转型。2021 年，农业生产信息化水平提升至 25.4%。此外，乡村治理的数字化进程加速向现代化迈进，政府大数据驱动的政务服务加速向乡村渗透。2021 年，全国范围内六类涉农政务服务事项的在线办理率达到了 68.2%，数据赋能显著提升了乡村治理效率。同时，依托信息化手段运营的村级综合服务站点数量达到 48.3 万，覆盖了全国 86% 的行政村，标志着我国农村数字化治理与服务体系的全面升级。

在数字乡村的快速发展背景下，我国农业信息化的发展前景广阔。分行业看，2021 年，畜禽养殖、设施栽培、大田种植、水产养殖的信息化率分别为 34.0%、25.3%、21.8%、16.6%。其中，畜禽养殖信息化率较高，在四个行业中处于领先地位。分品种看，大田种植方面，在监测的 13 个大田作物品种中，小麦、稻谷、棉花三个大宗作物的生产信息化率相对较高，分别为 39.60%、37.70%、36.30%，玉米相对较低，为 26.90%；畜禽养殖方面，在监测的 4 个主要畜禽品种中，生猪和家禽养殖的信息化率分别为 36.90% 和 36.40%，均高于畜禽养殖行业整体水平；水产养殖方面，在监测的 4 个主要水产品种中，蟹类、虾类和鱼类生产信息化率分别为 23.60%、21.60% 和 20.90%，均高于水产养殖行业整体水平，其中蟹类信息化率最高，贝类仍相对较低，仅为 6.00%。具体数据如表 3-8 所示。

表 3-8　农业部分行业信息化水平　　　　　　单位:%

行业	信息化率	部分细分品种	信息化率
畜禽养殖	34.0	生猪	36.90
		家禽	36.40
设施栽培	25.3	—	—
大田种植	21.8	小麦	39.60
		稻谷	37.70
		棉花	36.30
		玉米	26.90
水产养殖	16.6	蟹类	23.60
		虾类	21.60
		鱼类	20.90
		贝类	6.00

资料来源：农业农村部信息中心。

《中国数字乡村发展报告（2022 年）》中指出，2021 年，全国农业生产信息化率为 25.4%，较 2020 年增长了 2.9 个百分点。分区域看，东、中、西部地区的农业生产信息化率分别为 29.2%、33.4%、19.1%。分省份看，农业生产信息化率高于全国平均水平的有 13 个省份。其中，安徽省农业生产信息化率最高，为 52.1%；上海、湖北、江苏、浙江分别为 49.6%、48.5%、48.2%、45.3%，均超过 40%；黑龙江省的农业生产信息化水平发展较好，信息化率达到了 27.7%，超过全国平均水平，排全国第 12 位，具体数据如表3-9 所示。

表 3-9 农业生产信息化率高于全国平均水平的省份　　　　单位:%

省（区、市）	农业生产信息化率	省（区、市）	农业生产信息化率
安徽	52.1	江西	29.4
上海	49.6	河南	29.3
湖北	48.5	河北	28.5
江苏	48.2	广东	28.0
浙江	45.3	黑龙江	27.7
湖南	32.5	重庆	26.5
天津	30.5	—	—

资料来源：农业农村部信息中心。

发展数字生产力是推动农业高质量发展的重要手段，与此同时，农业部门高度重视利用数字技术和信息化手段对农产品实行质量安全追溯。根据《中国数字乡村发展报告（2022 年）》的相关数据，2021 年，实现质量安全追溯的农产品产值占比 24.7%，较 2020 年提升 2.6 个百分点。分区域看，东部地区为 31.8%，中部地区为 22.9%，西部地区为 17.1%。分行业看，畜禽养殖业农产品质量安全追溯信息化率提升迅速，已经超过设施栽培，达到 33.0%；设施栽培、水产养殖和大田种植分别为 31.6%、23.4% 和 19.0%（见图 3-18）。

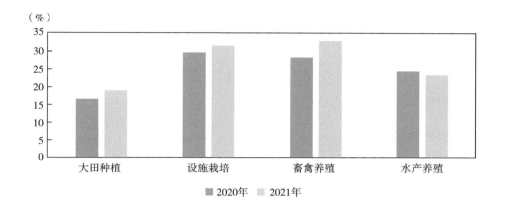

图 3-18　2020 年和 2021 年分行业农产品质量安全追溯信息化率

资料来源：农业农村部信息中心。

当前，农村电商市场进入平稳增长期。中国国际电子商务中心发布的《中国农村电子商务发展报告（2021—2022）》数据显示，2021 年，中国农村地区网络零售总额达到了 20500.0 亿元（见图 3-19），该数值占据全国网络零售总额的 15.66%，与 2020 年相比，实现了 11.3% 的稳健增长。进一步观察至 2022 年上半年，全国农村地区的网络零售总额累计 9759.3 亿元，这一数字较 2021 年同期上升了 2.5 个百分点。具体而言，农村实物商品通过网络渠道实现的零售额达到 8904.4 亿元，增长率较显著，达到了 3.6%，显示出农村网络零售市场的活力与潜力。

数字农业的蓬勃发展，主要得利于农村物流体系的持续强化与拓展。当前，农村物流配送架构的构建已迈入新阶段，物流网络在乡村地区日益健全，邮政服务触角全面延伸至各个乡镇，实现了建制村邮政服务的全面覆盖。同时，"快递进村"工程的推进成效显著，覆盖率已超过八成，为农村物流注入了新活力。据中国物流与采购联合会发布的相关数据，2021 年，农村地区快递包裹的收发总量达到 370 亿件（见图 3-20），这一庞大的物流量不仅极大地促进了农产品的上行流通，助力其走出乡村、进入城市，还加速了工业品的下行速度，实现了超过 1.85 万亿元的农产品进城与工业品下乡双向流通

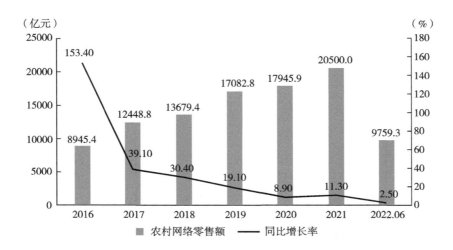

图 3-19　2016～2022 年农村网络零售额

资料来源：中国国际电子商务中心。

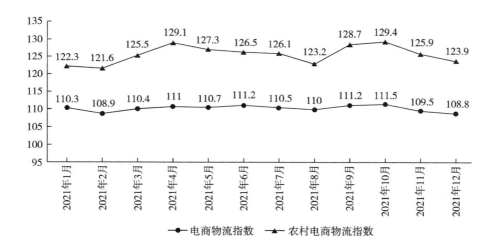

图 3-20　2021 年电商物流指数和农村电商物流指数

资料来源：中国物流与采购联合会。

规模。在此背景下，我国农村电商物流指数展现出稳健的增长态势，全年均保持在高于整体电商物流指数的水平，彰显了我国农业数字化的发展成果。

随着电商物流的全面下沉，农产品线上市场迎来了高速发展，为东北粮食产业带来新的机遇。京东消费及产业发展研究院发布的《2023丰收节线上农产品消费报告》数据显示，2023年黑龙江、辽宁两省出售了全国61%的大米，其中黑龙江省出售了17%的大米，仅次于辽宁省，全国销量排第二名。东北三省售出了全国64%的米面杂粮，辽宁卖出了全国51%的米面杂粮，黑龙江卖出12%的米面杂粮，居于全国第二（见图3-21）。

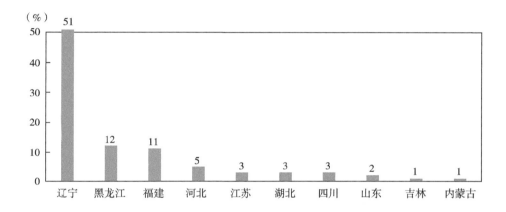

图3-21　2023年不同发货地区米面杂粮销量占比

资料来源：京东消费及产业发展研究院。

《2023丰收节线上农产品消费报告》中的京东销售数据显示，山东是主要的肉类商品产地。首先，山东是最大的猪肉产地，售出了全国49.2%的猪肉类商品。其次，山东是全国最大的牛肉产地，售出了全国21%的牛肉商品，在羊肉销量上也排在全国前十。黑龙江省在肉类产品的销售上也具有比较优势，猪、牛、羊肉类在全国的销量均位于全国前四，其中猪肉销量占比9.2%，仅次于辽宁和四川。牛肉销量占全国的9%，位于全国第四，羊肉销量占全国7%，位于全国第三，具体情况如图3-22至图3-24所示。

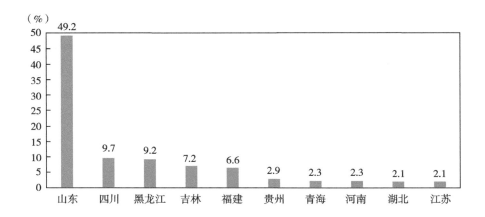

图 3-22　不同发货地区猪肉销量占比（前十名）

资料来源：京东消费及产业发展研究院。

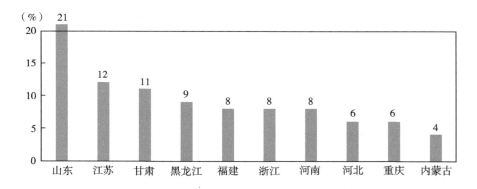

图 3-23　不同发货地区牛肉销量占比（前十名）

资料来源：京东消费及产业发展研究院。

近年来，黑龙江省的农信数字化程度持续提升，从产业数字化看，农业在物联网部署、大数据归集等基础工作已经形成了部分探索，在此基础上已经在农业金融、植保大数据、精准农业等场景实现了规模化应用，在无人农业、智能农机等场景进行了典型应用。黑龙江省农业农村厅和北大荒集团组建数据中心初步形成了大数据整合的局面。总体来看，农业数字化已经具备大规模复制应用的基础。黑龙江省在农业数字化领域的主要举措如下：

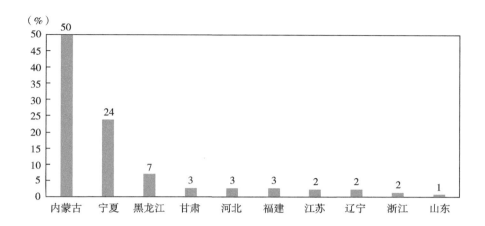

图 3-24 不同发货地区羊肉销量占比（前十名）

资料来源：京东消费及产业发展研究院。

1）优化发展环境。一是健全组织机构，1987 年黑龙江省农业大数据管理中心正式成立。二是加强政策支持，立足黑龙江省特点，为推进农业现代化发展，黑龙江省相继颁布了《黑龙江省人民政府办公厅关于加快农业科技创新推广的实施意见》《中共黑龙江省委关于深入贯彻新发展理念 加快融入新发展格局 推进农业农村现代化实现新突破的决定》及《黑龙江省现代农业振兴计划（2022—2026 年）》等一系列政策措施，通过信息化手段强化农业基础与粮食产业，坚定不移地担当起国家粮食安全的战略重任。三是为确保政策有效落地，强化了评估与考核机制，构建了"互联网+"行动跨部门协调会议机制与"信息下乡"工程全省性联动推进机制，成立黑龙江省农业农村大数据工作推进组，把农业信息化建设工作纳入绩效管理，并结合农业农村部年度工作要点和延伸绩效管理指标体系，逐一对照、逐项落实，有的放矢地推进延伸绩效管理工作。

在试点示范方面，黑龙江省采取了多维度策略：一是全面铺开"信息下乡"试点项目，自 2017 年起，作为全国十个整省推进示范省份之一，黑龙江省开启了由点到面的全新篇章，构建了以村级益农信息社为基点，乡级服务中心为桥梁，县级运营中心为枢纽的全方位益农信息服务体系，覆盖全省范围。二是积极融入国家数字乡村建设大局，与省委网信办紧密合作，成功申报了桦南、望奎、依安及牡丹江西安区共四地作为国家数字乡村试点县，聚焦于整体规划、信息基建升级、乡村数字经济新生态培育及数字化治理模式的创新探索。三是深化"互联网+农产品上行"实践，联合商务、发改、财政等部门，共同推进农产品出村进城工程，遴选出林甸、海伦、绥滨等县市作为示范点，聚焦于农产品供应链的优化、运营服务体系的健全以及支撑保障体系的强化，为农产品上行开辟新路径。四是数字农业创新示范，组织试点县积极探索，大胆尝试，庆安县农业局、黑龙江惠农信息技术服务有限公司等6家单位被评为农业农村信息示范基地。2019年启动建设讷河市数字农村建设试点项目，2020年启动建设嫩江市数字农业建设试点项目，推进科研成果和技术创新，加强水肥一体化精准作业、农机具配套北斗导航、田间物联网、产品溯源等数字应用示范。

2）组织省级试点。一是遵循基地承载、产业支撑、三产融合、品牌引领、电商突破的基本思路，以新型农业经营主体为依托，以有机绿色食品生产为切入点，投入支持资金，在全省范围内建设"互联网+种植业"高标准示范样板基地，获得了良好的经济、社会和生态效益。二是打造全省数字农业示范县，在饶河、嫩江等县市开展全省数字农业示范县建设工作，落实《数字乡村发展战略纲要》《数字农业农村发展纲要（2019—2025年）》和黑龙江省"十四五"规划纲要关于数字农业建设工作的部署，加强示范引领。三是建设无人农业示范农场，例如，北大荒集团启动了数字农场试点，在建三江分公司试点开展智能化无人机械作业，推进耕、种、管、收全环节应用。

3）搭建应用平台。一是建设数字农业农村业务平台，其中农机指挥调度、大数据金融、植保大数据等均走在全国前列，建成了黑龙江省农业大数据综合服务平台。二是整合历史数据，其中主要数据集中在农业生产种植、农业供给侧辅助、农产品销售三个方面。

4）加强协调合作。一是加强与高校联系，省农业农村厅与哈工大签订了《农业信息化建设战略合作框架协议》和《农业大数据合作协议》，组建了由哈工大院士牵头的专家团队，广泛联系东北农业大学、省农科院等院校，组织会商和研讨活动，听取高校专家意见和建议，助力数字农业发展工作。二是加强与银行联系，与中国建设银行等七大国有银行合作，聚合土地确权、流转、植保补贴、农业作业数据等数据资源，运用大数据技术支持金融助农，为广大农民提供便捷的贷款服务。三是加强与企业合作，积极与三大通信运营商、阿里集团、华为、铁塔集团等企业对接合作，探索农业大数据建设工作。中国移动公司、联通公司、铁塔集团等企业纷纷加入农业信息建设中，给优惠、给基建。四是筹建社会组织，引导省内相关企事业单位、社会组织等主体广泛参与数字农业建设，牵头筹建全省数字农业发展促进会、全省农产品电商直播联盟，凝聚国内各类信息化技术发展资源，搭建产学研推用协同合作平台和利益共享机制，打造智慧农业新生态。

经过示范推广领域工作的开展，农业数字化取得部分成效。通过提升农业生产关键环节的数字化水平，促进农业生产效率提升。通过农机装备数字化，建设省级农机数字化应用管理平台。农业机械化管理司发布的《黑龙江省农业机械化"十四五"发展规划》数据显示，截至 2020 年，全省已安装农机作业智能终端 66504 台，实现了监测数据与指挥平台实时对接，可满足农机作业远程监测自动统计需要。"十三五"时期，累计监测深松作业面积 6611 万亩、玉米秸秆还田面积 4366 万亩、水稻秸秆还田面积 839 万亩。全省粮食生产高质量机械化率达 60%，耕种收综合机械化水平达到 98%，比"十二五"时期末提高 2.95 个百分点，整地、播种、收获等机械化水平分别达到 99.41%、98.80%、96.97%，同比分别提高 0.21 个、1.73 个和 9.5 个百分点。其中，水稻机插程度达到 99.27%，同比提高近 2.7 个百分点，玉米机收水平达到 95.85%，同比提高近 13.2 个百分点，农业重点生产环节农机化水平进一步提高。

5）推广和应用新技术。"十三五"期间，黑龙江省加强了农机推广新技术试验示范，突出农机、农艺融合，开展农机化技术集成配套，加强农机化先进技术基地建设。经过多年的试验示范，探索出三种秸秆还田耕种模式和"一翻两免"轮耕轮作技术体系，集成了 15 种主要农作物农机标准化生产技术模式。近几年，水稻侧深施肥机械化技术在全国得到重点推广，并于 2018 年被列为农业农村部十大重大农业引领性技术。深入开展主要农作物生产全程机械化行动，农业机械化管理司发布的《黑龙江省农业机械化"十四五"发展规划》数据显示，截至 2020 年，全省 60 个县（市、区）被国家授予主要农作物生产全程机械化示范县。农机智能化发展步伐加快。近年来，积极探索农机智能化发展新途径，黑龙江省先后开展农机深松作业、玉米和水田秸秆还田作业、免耕播种作业监测取得了良好效果，并得到农业农村部充分肯定，在全国范围内推广。截至 2020 年，黑龙江省已安装农机作业智能终端 66504 台，实现了监测数据与指挥平台实时对接，可满足农机作业远程监测自动统计需要。"十三五"时期，累计监测深松作业面积 6611 万亩、玉米秸秆还田面积 4366 万亩、水稻秸秆还田面积 839 万亩。

3.1.3.3 工业数字化

2021 年 12 月 28 日，工业和信息化部等八部门联合印发的《"十四五"智能制造发展规划》中指出，到 2025 年，规模以上制造业企业大部分实现数字化网络化，重点行业骨干企业初步应用智能化；到 2035 年，规模以上制造业企业全面普及数字化网络化，重点行业骨干企业基本实现智能化。

依托智能制造评估评价公共服务平台的深度数据分析，我国智能制造领域在 2022 年展现出强劲发展势头。2022 年，我国智能制造成熟度指数攀升至 106 点，同比增长 6%，标志着整体进展稳健（见图 3-25）。依据《智能制造能力成熟度模型》（GB/T 39116-2020）标准，达到二级及以上智能工厂普及率已扩增至 37%，三年内实现了 12 个百分点的显著增长，各项数据均有力印证了我国智能制造成熟度水平的持续提升趋势。

中国电子技术标准化研究院发布的《智能制造成熟度指数报告 2022》显示，截至 2022 年末，全国范围内有近 6 万家企业借助平台完成了智能制造能力成熟度自我诊断（简称 CMMM ®自诊断），较 2021 年增加 4 万余家，覆盖领域广泛，涉及 31 个行业分类及全国所有省市自治区。其中，江苏省超过 1 万家企业具备成熟度自诊断智能制造能力，表现领跑全国，位居全国第一梯队；山东省、河南省、湖北省、湖南省则紧随其后，自诊断企业数量逼近

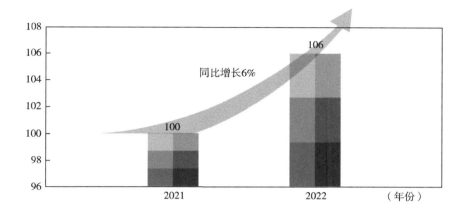

图 3-25 2021~2022 年我国智能制造成熟度指数

资料来源：中国电子技术标准化研究院。

万家，位于全国第二梯队。黑龙江省 CMMM Ⓡ 自诊断企业数量分布较少，仅有 10~99 家，位于全国第五梯队，制造业智能化水平有待进一步提高。

智能装备作为工业智慧与先进工艺的载体，其应用程度直接关系到企业的生产加工效能与产业核心竞争力的塑造。《智能制造成熟度指数报告 2022》指出，2022 年，我国自动化装备普及率高达 92%，数字化装备渗透率达到 47%，较 2021 年提升 4 个百分点（见图 3-26），而智能化装备渗透率亦稳步增长至 12%，同样实现 4% 的年度增长。未来，需持续深化数字化、网络化、智能化技术改造，扩大智能装备在生产各环节的应用，以强化科学决策与精准控制能力。

工业软件的应用普及率亦呈现上升趋势，在促进制造企业智能优化决策、实现精准预测与控制执行方面的作用日益凸显，成为企业模式创新的重要基石。据统计，2022 年，我国制造业企业在研发设计类工业软件的应用率达到 53%，生产制造类为 35%（见图 3-27），主要聚焦于设备管理与生产作业环节。在未来发展中，推动工业软件广泛应用，积累并转化运营数据，实现从软件定义、流程驱动向数据驱动与自我进化转变将是关键所在。

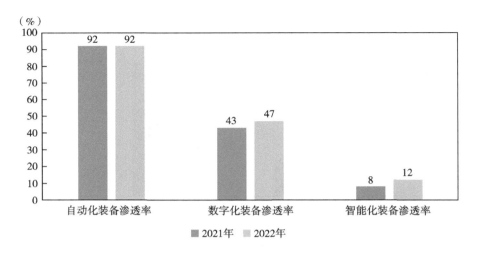

图 3-26　2021~2022 年装备智能化升级情况

资料来源：中国电子技术标准化研究院。

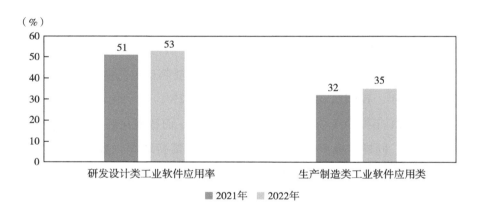

图 3-27　2021~2022 年工业软件应用率

资料来源：中国电子技术标准化研究院。

黑龙江省工业关键业务环节全面数字化水平偏低，工业互联网标识解析二级节点处于部署阶段，哈电集团、大庆油田有限责任公司、建龙集团、中国一重、哈药集团、飞鹤乳业等龙头企业开始在部分业务环节（工序）开展数字化应用，但由于缺乏连贯的产业链、供应链的整体协同演进，尚未形成工业企业利用数字技术进行全方位、多角度、全链条升级改造的局面。总体而言,黑龙江省工业数字化转型仍处于网络化建设的导入阶段,缺乏工业新业态、新模式。

黑龙江省已打造一批重点行业领域典型示范场景。其中,在重型装备行业,齐重数控利用先进数字化研发工具,成功开发了立式、卧式两大类新型产品;在航空航天行业,航发东安在研发、生产、经营、管理各业务领域全方位开展数字化转型,完成 10 余条数字化生产线建设,打通生产现场数字化"最后一公里";在食品行业,飞鹤乳业将数字技术融入养殖生产和产品研发的全流程,在企业的数字化农场,饲养员通过一部手机就可实时掌握每头牛的健康状况,投料精准度误差可控制在 0.01% 以内。在北大荒农场,数字技术已覆盖农作物耕、种、管、收各个环节,一片云、一张网、一键通正逐步代替传统农业模式。在数字化转型政策赋能方面,黑龙江省出台了龙江数字经济 20 条、制造业和中小企业数字化网络化智能化 20 条等一系列真金白银的惠企政策。组建工业数字化转型促进中心,汇聚省内外数字化转型服务商超过 50 家。推动企业数字化转型公共服务平台上线运行,发布数字化转型应用服务 App 程序 102 款,已有 1 万余户企业在平台注册。在数字化转型基础设施建设上,黑龙江省推进中国移动哈尔滨万卡智算中心建成并投入试运行,为龙江人工智能产业发展与数字化转型奠定了坚实基础。下一步,黑龙江省工业和信息化厅将加快布局建设 5G、工业互联网、智算中心、超算中心等新型数字基础设施,为数字化转型发展提供了强力支撑。

3.1.3.4 服务业数字化

从服务业看,消费性服务业率先实现数字化转型,依托美团、携程、抖音等平台,基本实现全渠道融合,但数据搜集与应用显著缺乏,在供应链管理、精准营销获客、产品服务创新、人工智能替代领域应用不足,制约了新模式、新业态、新服务的推广与应用。消费性服务业率先实现数字化转型,依托第三方平台,达到了销售的目的,实现了以业务为主的数字化经营。部分连锁企业达到了财务、ERP 供应链的"云产品"(公有云、私有云、混合云)的产品部署;精准获客、转化消费的 BI 分析也有一定规模的使用。实现

"销售平台—吸粉拉新—下单购买—ERP 供应链—财务管理—物流—售后回馈—BI 分析—促销政策—平台"这一闭环。但在供应链管理、精准获客等方面的应用不足是大多数企业没有资金投预算或没有意识造成的。从生产性服务业看，流通服务、金融服务、物流服务等借助全国覆盖优势，在网络化、数字化、智能化领域普遍开展大规模应用，但中小企业数字化转型步伐缓慢，制约了全社会商流、物流、资金流、信息流的大规模协同。从公共服务业看，新冠疫情倒逼公共服务业数字化转型，在教育服务、医疗服务、政府服务领域开始出现新业态新模式。整体而言，公共服务业仍处于网络部署与数据收集阶段。

（1）生产性服务业

网络零售行业发展趋势向好。随着生产性服务业数字化不断发展，网络零售行业发展迅速，货架电商、直播电商、生鲜电商等领域动作频频，京东、淘宝、苏宁、抖音等平台不断面向零售数字化转型。在第十七届中国零售商大会上，中国商业联合会副会长张丽君对 2023~2024 年中国零售业景气指数进行了综合分析，并对零售业发展趋势进行了研判，认为零售业持续向好的趋势是不变的。结合各项指标显示，2024 年 1~5 月，中国零售业综合指数为 50.7，同比微升了 0.1 个百分点，处在扩张区间。① 据国家统计局发布的相关数据，2024 年 1~6 月，我国社会消费品零售总额 23.6 万亿元，同比增长 3.7%，这意味着中国零售市场处于增长时期。2024 年上半年，我国网络零售促进消费恢复向好，电商产业深入推进数实融合，平台企业创新发展，电商领域国际经贸合作持续拓展。

1）促进消费动能强韧。据中华人民共和国商务部发布的相关数据，2024 年上半年，我国网上零售额 7.1 万亿元，增长 9.8%，其中实物商品网上零售额 5.96 万亿元，增长 8.8%，占社零总额的比重为 25.3%。数字商品、服务消费、以旧换新成为新增长点，AI 学习机和智能穿戴分别增长 136.6%

---

① 中国零售业呈现持续向好的趋势［EB/OL］. 中国新闻网，2024-06-03，http：//tradeinservices. mofcom. gov. cn/article/yanjiu/hangyezk/202406/164293. html.

和 31.5%，重点监测在线旅游和在线餐饮分别增长 59.9% 和 21.7%。电商平台多元协同，支持 40 多万种商品以旧换新、300 多个品类同步回收，主要平台冰箱、洗衣机、手机和电视以旧换新分别增长 82.1%、70.4%、63.9% 和 54.3%。

2）数实融合深入推进。据中华人民共和国商务部发布的相关数据，商务部重点监测 B2B 平台交易额增长 6.0%。产业电商数字化双向赋能产业链上下游，一站式集采、云工厂、精准匹配等提升供应链全链路数智化管理水平，大规模设备更新带动数字化采购规模持续扩大，主要工业品平台缩短采购时长 70%。"数商兴农"深入湖南、湖北帮扶优质农产品产业带，聚合农产品需求和农业产能，带动农产品网络零售额增长 21.7%，累计支持农产品区域公用品牌超 8700 个。

3）平台企业创新发展。据中华人民共和国商务部发布的相关数据，2024 年以来，主要电商平台企业研发投入超过 480 亿元，人工智能技术广泛运用在消费、运营、运输等环节，虚拟购物、空间试妆、AI 客服、自动驾驶等提升消费体验，开启智能电商新阶段。智能运营和营销工具帮助商家降本增效，商品效率提升四成，用户响应效率提升六成，AI 素材投放点击率较普通素材高 45%。

4）国际合作持续拓展。据中华人民共和国商务部发布的相关数据，我国与塞尔维亚、巴林、塔吉克斯坦 3 国新签电子商务合作备忘录，"丝路电商"伙伴国扩展至 33 个。上海"丝路电商"合作先行区 38 项建设任务中 36 项全面推开，形成跨境电子发票互操作、电子提单等一批制度型示范引领开放成果，建成人才培训、智库联盟、伙伴国国家馆等一批公共服务平台。

5）快递物流业持续快速增长。在数字化经济的新纪元，数据作为核心生产要素深度渗透快递业，驱动传统快递物流领域向数字化转型迈进，构建跨区域发展、低成本且效率高的发展新态势。国家邮政局网站发布的《2023 年 10 月中国快递业发展指数报告》数据显示，2023 年 10 月，中国快递业发展指数跃升至 383.5 点（见图 3-28）。其中，发展规模指数、服务质量指数、发展能力指数和发展趋势指数分别为 445.2、582.2、228.2 与 68，同比分别提升 14.4%、1.7%、9.1% 及 2.4%，说明在数字技术的赋能下快递行业持续快速增长，市场规模不断扩张，运营效能与服务水平同步提升。

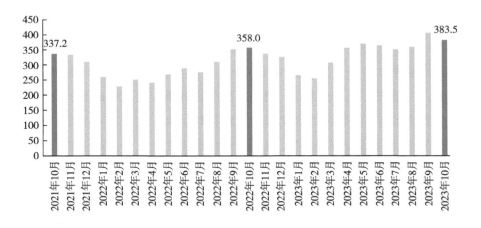

图 3-28　2021 年 10 月至 2023 年 10 月中国快递发展指数

资料来源：国家邮政局网站。

近年来，生产性服务业中的科技服务业也不断地实现高速增长，为实现数字化发展不断提供技术支撑。根据赛迪顾问发布的《2022 中国科技服务业发展年度报告》的相关数据，从产业规模看，2021 年我国的科技服务业规模达到 10.8 万亿元，同比增长率达到 24.1%。其中，广东的科技服务业占全国的 15.5%，排在全国首位。我国服务业主要集聚在广东、北京、江苏、上海、山东、浙江等东部地区，在京津冀、珠三角、长三角地区呈现显著的集聚效应。黑龙江省科技服务业发展较缓慢，仅占全国的 1.4%。

金融行业持续数字化发展。目前，我国数字金融的顶层政策不断完善，总和融资成本不断下降，数字资源应用持续加深，有效地提高了金融行业的服务质量和效率。随着数字技术的推广，众多银行重视数字资源利用、数据资产管理、数字技术研发等工作，纷纷成立金融科技相关部门。根据中关村互联网金融研究院发布的《中国金融科技和数字金融发展报告 2024》相关数据，截至 2023 年 11 月，全国国有银行和股份制银行，包括 28 家城商银行均设立了金融科技部，同时共有 5 家国有银行、9 家股份制银行、4 家城商银行、1 家农商银行、2 家省联社成立了金融科技子公司。中国证券业金融科技投入蔚然成风，20 家上市券商总投入超过 209 亿元，其中，九家券商投资突破 10 亿元门槛。华泰证券以 27.24 亿元的金融科技投入稳居榜首，同比增长 22.26%，成为业内首个金融科技投入跨越 20 亿元门槛的券商。此外，海通、招商、中信建投、广发、中国银河、国信等券商亦纷纷加大信息科技投入，均超 10 亿元规模。值得注意的是，中小型券商亦不甘落后，华林证券与方正证券分别以 4.6 亿元及 4.5 亿元的投入，积极布局金融科技领域，展现数字化转型的活力与潜力。

目前，金融行业数字化投入保持稳定增长，以人工智能、区块链、云计算、大数据为代表的信息技术产业规模不断扩大，金融科技关键技术应用落地不断呈现新趋势。与此同时，银行、保险、证券等金融业在政策推动和自身转型需要的促进下数智化转型进一步加快，数智化转型呈现数字化生态"融合"趋势。各细分技术领域在关键底层技术上加快布局，为中国金融科技行业的持续发展提供了核心驱动力。

（2）消费性服务业

作为消费性服务业的关键一环，餐饮业正加速融入数字化浪潮，向设备化、智能化转型。根据红餐产业研究院《2023 年中国餐饮数智化发展报告》的相关数据，2022 年餐饮行业总收入达 4.93 万亿元，而数智化市场规模仅占 1.87‰，约为 82.31 亿元，预计到 2025 年，这一数字将增加至 215.28 亿元，增长率达到 161.5%。餐饮业正迈向生态互联与数智驱动的新阶段，业务全面数字化后，智能系统将主导更多经营决策，显著提升餐饮企业管理效率。

从文娱产业来看，随着中国经济实力的增强，消费观念迭代升级，精神文化消费成为新风尚，文娱产业焕发新生。根据共研产业咨询发布的《2023 年中国数字文化娱乐行业产业规模及行业发展趋势分析》的相关数据，数字技术的渗透让数字文化娱乐成为公众追捧的对象，中国文化娱乐消费持续增长。2021 年，中国数字娱乐核心产业规模达到 7650.6 亿元，尽管 2022 年略有回调至 7196.4 亿元，但整体发展态势稳健，未来前景良好。

近年来，数字化阅读已蔚然成风，成为不可逆转的发展趋势。《关于加快国家文化数字化战略实施的指导意见》的出台，标志着文化数字化已上升为国家战略高度，通过激发内容创新活力、深挖科技潜能、强化共享发展理念，推动文化数字化成果广泛惠及民众。据《2022 年中国数字文化娱乐产业概览与趋势预测》分析，2021 年，中国数字阅读市场总体规模已接近 416 亿元人民币，年度增长率高达 18.2%，这一强劲增势主要得益于付费阅读模式的普及与广告收入的稳步增长。随着我国经济稳步复苏及版权保护政策的日益完善，数字阅读市场预计未来将持续扩张。

从在线音乐市场来看，AI 技术已广泛应用于声音领域，不少平台通过 AI 智能语音播报、AI 制作提升内容生产效率。随着 AI 技术应用逐渐深入，音频平台对 AI 的要求将从提升效率走向加深内容与用户的情感共鸣，即从"工具化"走向"拟人化"。相较于线下文化行业，在线音乐行业受到疫情冲击较小，近几年仍保持活跃用户稳步增长状态。根据《2022 年中国数字文化娱乐产业现状及发展趋势分析》相关数据，2022 年数字用户数量超 9 亿。

（3）公共服务业

当前新兴数字技术的迅猛发展正深刻重塑国家治理体系，其快速迭代正加速公共服务业的数字化转型步伐。其中，数字政府的转型进程尤为关键，直接关系到公共服务业的现代化与数字化深度。数字政府致力于构建"一网通办""一网统管"等高效协同的综合服务场景，为公共服务业的数字化转型提供坚实支撑。具体而言：①教育领域，依托技术创新与数据驱动，强化教育信息化基础设施建设，推动教育体系向网络化、数字化、个性化及智能化转型，加速教育数字化转型与智能化升级；②医疗领域，深度融合 5G、人工智能等前沿技术，优化医疗资源配置，简化就医流程，破解挂号难、流程复杂等痛点，创新数字化诊疗模式，提升医疗服务效率与质量；③养老领域，面对人口老龄化挑战，运用互联网技术，推进"互联网+医疗健康""互联网+护理服务""互联网+康复服务"等模式，提升居家社区及机构养老服务的智慧化水平；④文旅领域，借助 5G、VR、卫星定位、生物识别等先进技术，通过公共文化云平台、智能终端、移动应用等渠道，提供高效便捷的公共文旅服务，满足民众日益增长的文化旅游需求；⑤政务服务领域，通过流程优化、模式创新，实现"一窗受理、一网通办、限时办结"等便捷服务，推广掌上办、就近办、一次办、集成办等服务模式，提升政务服务效能与群众满意度。

现阶段，我国数字政府建设成效显著。2023年4月，清华大学数据治理研究中心发布的《2022中国数字政府发展指数报告》研究了数字政府的发展情况，并在省级层面设立了组织机构、制度体系、治理能力、治理成效四大评价体系，并据此进行了综合评分。结果显示，2022年，上海在数字政府发展指数上位居全国榜首，北京、浙江、广东、四川、安徽等地紧随其后。值得注意的是，黑龙江省在数字政府制度体系与治理能力方面表现良好，但在治理成效上仍有提升空间，位列全国第26（见图3-29）。

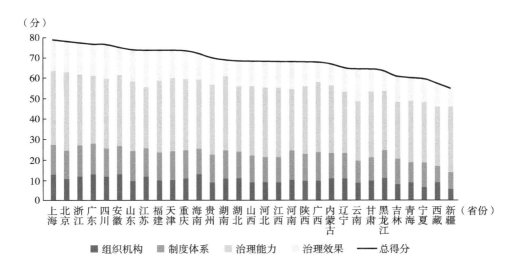

图3-29 省级数字政府发展指数及构成

资料来源：清华大学数据治理研究中心。

在探讨中国数字政府的发展梯度时，清华大学数据治理研究中心发布的《2022中国数字政府发展指数报告》细致地将31个省级行政区划分为五大类别，即引领型、优质型、特色型、发展型及追赶型，整体上呈现出金字塔层次结构。我国数字政府的发展呈现显著的区域差异，东部地区显著领先于中部与西部，且引领省份均集聚于东部。区域内亦存在显著的两极分化现象，尤以西部地区为甚。具体而言，上海、北京、浙江整体发展较好，属于引领型；优质型与特色型涵盖六个省份；发展型包含七个省份，而追赶型则涉及九个省份，其中黑龙江省正处于追赶阶段，应加强政府机构与社会组织间的协调机制，向发展较好区域汲取先进经验，积极承接优质区域的管理、技术、知识等方面溢出效应，进一步优化政务服务，提升治理效能。

就制度体系而言，《2022 中国数字政府发展指数报告》显示，浙江、广东、上海、山东在数字政府建设取得较好成果，制度体系得分均超过 14 分。黑龙江省得分 13.75 分，显示出黑龙江省在制度构建上的良好成果。值得注意的是，尽管数字政府相关政策数量少于数字生态相关政策，但两者均展现出蓬勃的发展态势。在数字政府政策方面，黑龙江省超越全国平均水平，表明其已构建起较为完善的政策框架。而在数字生态政策领域，包括黑龙江省在内的多数省份均获得 7.5 分，彰显了我国在推动数字经济、智慧城市、人工智能、大数据等领域政策体系建设的全面性与深入性。

我国政府平台数据持续开放，治理效能增强。就数据开放而言，全国多个省份积极建设数据开放平台，通过不同程度的数据公开，促进了信息透明与资源共享。政务服务层面，多数省级行政区已全面覆盖政务 App、微信小程序、在线政务服务大厅等多元化渠道，并推行"最多跑一次"与"无差评"服务承诺，极大地提升了政务服务效率与民众满意度。中国信息通信研究院发布的《数字政府一体化建设白皮书（2024 年）》相关数据显示，截至 2023 年 12 月底，全国一体化政务服务平台已接入 52 个部门含国家数据共享交换平台和 32 个地方。共上线 6006 个目录挂接 2.06 万资源，累计调用 4847.07 万次服务。公共数据开放程度不断提升，融合应用基础持续夯实，截至 2023 年 8 月，我国已有 226 个省级和城市的地方政府上线了数据开放平台，各地平台无条件开放可下载数据容量从 2019 年的 15 亿达到 2023 年的超 480 亿，五年间增长约 32 倍。

　　黑龙江省服务业数字化发展整体表现较好，2022 年 9 月印发的《黑龙江省人民政府关于加强数字政府建设的实施意见》重点强调要以"数跑龙江"为指导纲领，为企业和群众打造办事环节最简、材料消耗最少、费用最小、时限最短、便利度最优、满意度最高的"六最"品牌。从黑龙江省数字政府建设领域看，主要集中于政务服务"一网通办"重塑与升华，政府治理"一网统管"领域仅部署了"互联网+监管"系统、信用信息平台（二期）、网格化管理平台系统，对照国务院数字政府考核标准，政府治理"一网统管"领域短板愈加明显。

　　经过多年发展，黑龙江省的平台经济业态不断丰富，涵盖了生产类、消费服务类、生活服务类和金融服务类等多种类型。生产服务类平台方面，黑龙江省开放共享的工业互联网服务平台"龙哈工业云"依托航天云网 INDICS 平台（国内首个工业互联网平台）基础延伸扩展本地特色功能，为企业和政府提供智能诊断、协作需求对接等多项公共服务。同时，推动工业企业上云，实现线上线下相结合的智能化改造，盘活工业资源，促进供给侧结构性改革。生活服务类平台方面，"健康龙江惠民服务平台"具备预约挂号、分时候诊、报告查询、移动支付等线上服务功能。截至 2021 年 4 月，健康龙江惠民服务平台已接入医院 314 家，现已具备预约挂号、分时候诊、报告查询、移动支付等线上服务功能。建成省远程医疗服务管理中心，接入各级医疗机构 3794 家，实现了省、市、县三级医院间的远程会诊，已会诊 2400 余例。建成省级电子健康卡信息管理系统，患者使用电子健康卡可在 14 家试点医疗机构挂号就诊、检查检验、信息查询。截至目前，接入机构门诊总业务量接近全省门诊业务量的 50%，累计发卡超过 483.6 万张，累计用卡超过 2949.7 万人次。目前，黑龙江省二级以上医院全部实现网上预约挂号，门诊患者分时预约就诊率达到 81.98%，患者候诊平均用时由过去的 33～49 分钟不等降到平均 11.79 分钟，群众看病就医体验明显改善。通过医疗体系智能化管理、数字化应用，促进了龙江医疗机构智慧化提升。黑龙江省委、省政府高度重视、高位推动数字政府建设，提出以"数跑龙江"为统领，着力打造"六最"特色营商品牌。截至目前，已建成全省"一朵云""一张网""一平台"，联通了省直厅局和市（地）、县区近 900 个业务系统，实现了平台互联互通、数据共用共享。数字政府建设为"高效办成一件事"提供了坚实的平台、数据、服务、安全等保障，既强力支撑了"一件事"应用场景，又促进了数据、业务、管理的深度融合，以数字赋能有力推动黑龙江省"高效办成一件事"改革。

3.2 数字生产力当前存在的问题

3.2.1 数字生产力方面

数字生产力应用于国民经济，赋能于产业进一步释放能量，带来数字经济蓬勃发展。当前，黑龙江省数字生产力发展较为缓慢，依然面临数字劳动者缺口大、数字劳动资料支撑不足、数字劳动对象利用不足、科学技术融合发展有待提高等问题。

3.2.1.1 科学技术有待提高

（1）核心技术支撑不够

目前，黑龙江省技术水平难以满足数字化转型试点示范集中涌现的需求。黑龙江省科教资源丰富，数字技术创新策源地的作用弱化，在工业互联网平台、网络、安全、标识解析等关键技术领域有待突破，对工业芯片、工业软件、工业操作系统等的供给能力较为有限，对工业制造技术和工艺数字化、软件化的实现水平较低。由于"缺芯少魂"，核心技术和零部件受制于人，上游材料、关键设备、国产芯片、操作系统、基础软件等与全球领先水平相比仍存在明显差距。以数字农业为例，数字农业发展所需的技术仍然是引进为主，目前国家级或省级层面的数字农业技术专门研究机构和高水平科技创新平台仍处于起步阶段，国家级数字农业科技创新中心建设迟迟无法启动，农业要素数据化可视化、农业智慧大脑构建、农业航空、农业传感器、空天地一体化农情智能监测、农业机器人、无人作业农场等数字农业核心关键技术亟待突破，数字农业领域科技成果批量化产出机制亟待建立，数字农业技术对农业现代化和农业及农产品加工万亿级产业集群建设支撑能力亟待加强。

（2）技术协同发展能力不强

黑龙江省数字生产力建设缺乏科学的技术协同发展能力。一方面，黑龙江省受经济发展以及经济结构的限制，科学研究和技术服务业、计算机和软件服务业发展以及供给能力较为滞后。黑龙江省关于新型数字技术产业的发展模式仍未达到成熟的市场状态，本土的信息技术发展能力也较为薄弱。另一方面，受黑龙江省人才储备不足、区位条件、经济结构等条件的影响，导致黑龙江省数字型技术人才缺失、引进力度不足；大型数字技术发展较好的城市距离较远，受到技术和知识的外溢效果较弱；数字型企业入驻量不够，获取技术的途径较为闭塞。虽然黑龙江省已经引进部分技术企业进行合作，但合作内容的深度、广度不足，范围和领域不全面，同技术发展较强的省、市在技术标准、企业数量、合作领域仍有较大差距。黑龙江省技术企业主要集聚在哈尔滨地区，对于周围城市或县城的外溢效果有限。黑龙江省相关技术企业较少，就业岗位、人才待遇方面的相对不足，导致相关的技术人才流失严重，也会加深本省与其他区域技术发展差异的问题。

（3）专项资金支持力度需进一步加大

黑龙江省、市、县三级普遍存在财力有限、资金投入连续性不足等问题，致使一些关键技术难以全部落实到位，无法持续发挥作用。在升级农业农村大数据中心方面，除年度200万元左右基础性经费（网费和电费）外，其他投入经费较少，机房大部分设备比较陈旧，与现实访问需求和网络安全要求不匹配。黑龙江省鼓励数字化转型试点示范的资金主要来源于中央财政资金，各项资金往往直接拨付到县级财政，由县级财政招标建设，可能会导致数字技术统筹整合的效率降低。以数字农业为例，黑龙江省数字农业建设项目资金来源主要依靠农业农村部等国家部委的各类项目资金，并且资金直接拨付到县级财政，由县级农业主管部门作为业主单位按项目负责制定实施方案和组织招标建设，但这种组织实施方式会减缓黑龙江省数字农业建设的高速发展进程，可以通过全省一盘棋实现省级层面统筹推进。

3.2.1.2 数字劳动者缺口大

（1）人才储备不足

黑龙江省既缺乏高级 ICT 人才，也缺乏技能型、应用型信息技术人才。人才储备不足是制约数字化转型试点示范持续涌现的瓶颈。根据黑龙江省数字经济领域相关专业开设情况看，在计算机科学与技术、软件工程等传统 ICT 技术人才需求领域黑龙江省人才储备充足，在智慧建筑与建造、海洋机器人、海洋信息工程、智能测控工程、智能材料与结构等领域，黑龙江省高校依托优势学科，开设全国唯一专业，为特色领域发展提供了前瞻性人才供给。但是黑龙江省总体数字人才培养和储备仍不具优势，黑龙江省信息传输、软件和信息技术服务从业人员占全国比例不足 2%。一方面，大数据、云计算、人工智能等数字人才培养周期较长，规模难以满足需求；另一方面，包括数字人才在内的高层次人才流失问题突出，数字产业化发展水平较低，存在人才吸引力弱、创业空间小、引进人才留不住等问题。在数据管理方面，高端与复合型人才的结构性短缺已成为制约信息化发展的重要瓶颈。除中高端人才外，适应数字化转型试点示范的管理服务人员缺乏。以电子商务为例，管理人才匮乏，当前黑龙江省 67 个县，有商务局的不足 10 家，政策缺乏人才加以落实。

（2）人才引进力度不够

受到整体经济发展水平的制约，黑龙江省为人才提供的资金支持、福利待遇方面较为匮乏，人才对黑龙江省的期待也会下降。长期以来，黑龙江省对人才的投资较少，人才引进的优惠政策力度不大、人才引进机制单一。虽然 2023 年哈尔滨市加大了对人才引进的力度，但是尚没有针对创新性技术人才的引进策略，人才引进政策涉及诸多政府部门，各部门需要明确职责，从人才政策的制定、推广到具体单位的落实，多方协作、共同贯彻极为关键。黑龙江省在实施人才引进政策时注重第一步，后续的"引入"跟进工作力度不足，人才引进的相关的评价体系不完善。此外，黑龙江省仍是以传统的人才引进方式招揽人才，更多的是以资金待遇来引进人才，对于解决人才配偶的工作问题、子女的教育问题等方面政策制定和落实还需加强。

（3）人才就业难

由于 ICT 产业发展滞后，数字经济占 GDP 比重较小、数字经济发展规模不大、数字经济增长规模较慢、数字型上市公司较少、小微企业发展不活跃，导致黑龙江省在数字人才就业时呈现出就业难、岗位内容和类别不匹配、岗位提供量少、薪资低等情况。根据中国信息通信研究院发布的《中国数字经济就业发展研究报告：新形态、新模式、新趋势（2021 年）》数据显示，2021 年，东北地区招聘总量仅占全国招聘数量的 1.59%，而黑龙江落后于辽宁、吉林，数字经济岗位需求量较少，岗位招聘数量为全国第 24 位，人才的供给和需求呈现出巨大差异，导致出现人才想留但不能留的情况。在薪资方面，黑龙江省数字经济平均月薪排全国 21 位，落后于其他省、市的薪资水平，对于人才的吸引力度不够，导致人才留不住的情况。在数字经济产业区域布局方面，黑龙江省三次产业的区域集聚发展差异较大，第一产业的区位熵值小于 1，产业集聚优势不明显，第二、第三产业在本省内表现出区位优势，但是在全国范围内黑龙江省数字经济产业岗位招聘集聚仍不具备区域优势。黑龙江省数字经济高端岗位集聚度小于 1，岗位集聚度较低，黑龙江省的高端岗位聚集度排第 25 位，落后于辽宁省和吉林省，导致人才资源和创新能力不足。由于人才供给与需求的巨大差异，人才想找到合适的就业岗位较难，使得黑龙江成为全国数字经济人才输出大省。

3.2.1.3 数字劳动资料支撑不足

（1）硬件基础设施

随着信息化技术的迅速发展，黑龙江省的 ICT 硬件产业也得到了快速发展。截至目前，黑龙江省 ICT 硬件设施建设薄弱、硬件企业大多数规模较小、技术创新力量相对不足。黑龙江省在计算机设备、互联网端口、互通共享的数据与算力、5G 基站等基础设施方面发展较为滞后。由于硬件基础设施建设滞后于数字经济发展的需求，直接影响黑龙江通信网络基础设施发挥的效力，数字化生产力的发展受到局限。从供给侧的角度，由于以新一代技术集簇为代表的信息基础设施不够完善，无法发挥海量数据的优势，在一定程度上会阻碍数据交易、数据要素市场培育、大数据技术融合创新、数据要素在市场流动。同时，也会影响数字技术在实体经济中的应用以及融合效率，带来数字生产力动力不足等问题。

（2）软件基础设施

软件产业是国民经济和社会发展的基础性、先导性、战略性和支柱性产业，对经济社会发展具有重要的支撑和引领作用。它不仅是信息产业的核心，更是信息社会不可或缺的组成部分。从 ICT 软件建设上看，黑龙江省存在明显的短板，软件业务、软件产品、信息技术服务活动、信息安全、嵌入式系统软件、软件业务出口等业务发展较为滞后，在全国排名比较靠后。由于有效需求不足，ICT 软件产业比重低、龙头企业缺乏，无法为新经济业态大规模复制与全产业应用提供产品、技术、服务、基础设施与解决方案，技术与知识的外溢效应不能有效发挥作用。围绕算力提升、算法优化、数据采集处理和重点行业应用，缺乏一批关键核心技术和应用创新技术，便捷高效的技术适配体系仍未完善。缺乏具有较高创新能力和科研能力的高层次人才，产业的创新能力受到限制，难以在技术上实现真正突破。核心技术有"卡脖子"风险、产学研成果创新质量不够高、软件产业与生产痛点需求结合不充分等问题。在市场竞争方面需加大在大数据、人工智能、物联网等前沿领域的高端市场需求，从而进一步刺激软件市场活跃度增加。

3.2.1.4 数字劳动对象利用不充分

（1）数据开发不充分

在推动数字化增长的过程中，若干关键要素尚未得到全面且深入的开发与应用。当前，黑龙江省面临的挑战主要包括：数据要素的产权界定模糊不清、标准化框架尚不健全、交易平台间的协同效应薄弱、产融结合机制的成效未能充分显现，这些因素共同制约了数字化增长潜力的有效释放。受体制机制障碍和数据安全因素的影响，黑龙江省政府部门所掌握的庞大的公共数据资源未能充分有效实现开放和利用，尚未充分发挥数据作为关键创新要素对数字经济发展的驱动作用，数据供给能力有待提高。以数字农业为例，数据共享程度不高，各涉农部门数据大多横向独立存储，未实现农业大数据的整合汇集，不利于构建覆盖涉农产品、资源要素、农业技术、政府管理等方面的数据指标、采集方法、分析模型、发布制度等农业数据标准体系。目前，市场上的数据开发工具虽然种类繁多，但多数工具的功能和性能并不成熟。大量的数据资源得不到有效的开发利用，数据孤岛和数据资源浪费现象依然存在。

（2）数据质量不高

数据质量是数据开发的重要基础。然而，由于数据源的多样性、数据采集方法的差异性以及数据处理的复杂性，导致数据的准确性、完整性、及时性和一致性等方面存在诸多问题。这不仅是黑龙江存在的问题，同时也是其他省、市普遍面临的问题。数据质量低下不仅会影响数据分析的准确性，还会对决策的可靠性产生不良影响。一是准确性问题，由于数据采集技术、工具的不成熟等问题可能导致数据不准确，导致数据偏离真实值。此外，由于数据采集和处理的自动化，也可能产生算法错误或由于系统配置不当导致的数据准确性问题。二是完整性不足，数据收集过程中的遗漏、数据处理过程中的错误，以及数据存储和传输过程中的损坏、缺失、异常或冗余等问题，导致分析结果不准确，甚至产生误导。三是及时性不够，在快速变化的环境中，数据的及时性至关重要，由于数据采集工作的效率不高，延迟的数据可能导致决策的滞后和失效。造成数据不及时的原因可能包括数据处理流程的延迟、系统性能问题、数据传输限制等。四是一致性差，由于数据的重复、不同来源数据的冲突、格式的不统一等问题导致数据的精确度、可靠性和相关性较差，进一步造成数据分析结果的偏差。

（3）数据归集困难大

政务数据整合是破解"信息孤岛"困境、消除"数据壁垒"的核心策略，通过政务数据整合，黑龙江省政务大数据平台已显著进展，现涵盖6072项数据目录、开放1010个数据接口，并汇聚了超1亿条数据记录。然而，相较于浙江、广东、山东等先进省份，其数据治理水平仍存提升空间。由于信息化发展不均衡，各级部门间信息化能力差异显著，直接造成了数据源头的零散与不完整，为全面、高效的数据梳理工作带来了挑战。此外，在数据归集过程中，普遍存在数据碎片化现象，这些数据远未达到结构化应用的标准，限制了其潜在价值。在实际应用中，大量数据仅限于基础的查询验证功能，服务于单一的业务场景，仅实现了数据的"表面整合"，而未能触发深层次的"融合创新"，即所谓的"物理堆砌"而非"化学融合"，从而未能充分展现大数据应有的叠加效应与倍增价值。因此，深化数据整合策略，促进数据从"量"到"质"的飞跃，是黑龙江省乃至全国政务数据治理亟待解决的问题。

3.2.2　数字生产关系方面

3.2.2.1　数据平台互通性较差

由于数据有体量大的特点，并非所有数据都进行了标准化建设，且数据管理具有长期性、复杂性、系统性的特点，这就要求相关组织机构具有较强的管理能力和架构持续稳定的数据平台，才能不断促进数据安全有效地发挥作用。黑龙江省区域经济发展的不均衡，导致了省内地方政府数字化发展的差异性。差异化发展下，会导致不同地区政府数据平台使用不同政务服务工具，各个部门之间、政策之间进行数据共享和对接过程中会由于信息不对称而导致存在重复工作或者真空处理等问题，同时，也会导致数据资源浪费和效率低下的不良后果。长此以往，造成数据交流形成干扰和阻碍，为数字化生产力的发展埋下隐患。目前，黑龙江省县一级单位已经在政务处理实现了信息化，建立了各自业务处理系统，从一定程度上整合了业务系统。截至2022年末，黑龙江省12个城市共有201个政府网站，分属不同的政府部门，由于管理主体部门较多，在发展数据服务的同时也要注意提高政府机构的数据共享效率，促进各个部门之间信息的互联互通，进一步加强政府服务效率。

3.2.2.2　数据共享难度较大

政府数据共享难度较大，全省政府公共数据开放共享仅在哈尔滨实现了较大进展，数据开发目录超过了50%，数据接口达到了42%。目前，黑龙江省政务数据服务平台仍处在建设发展环节，各级政府的基础性数据资源仍零散分布在不同的职能部门，缺乏统一标准的数据共享平台来进行有效整合。各个部门建立的数据政务系统仅限内部使用，导致数据共享困难无法有效流通，形成数据孤岛。

3.2.2.3 数据安全风险加大

随着数据容量的增加，数据安全的风险也在不断加大，黑龙江省也面临数据安全风险问题。近年来，数据的泄露、篡改和损坏等安全事件的发生率越来越高，数据的泄露或使用不当可能导致个人隐私和企业机密的泄露，带来严重的后果，这些事件会对个人隐私和企业利益造成严重威胁。同时，随着云计算、物联网等技术的发展，数据的安全保护难度也在不断加大。

3.2.2.4 数据相关政策有待健全

梳理 2022 年以来黑龙江省相关数字治理政策与文件时发现，政策文件表述中关于全局指导的意见较多，实施细则却不多，需要由有关部门出台细则方可执行，一些改革中存在的难点和亟待解决的具体问题容易被忽略。从政策层面看，黑龙江省以消化落实国家层面数字政策工具以及原有信息化、产业技术政策工具为主，由于财政资金限制与政策落地滞后等原因，大数据条例立法进度滞后于数字经济发展实践，标准体系无法有效支撑公共数据完全开放问题。现有主要政策以申请中央预算资金支持为主，缺乏地方性专项鼓励性政策支持，各级各类中央财政有关数字治理项目资金缺乏有效统筹。黑龙江数据要素市场化尚未完成，数据产权制度、标准规范、交易平台、治理机制有待进一步完善，数据算法、数据模型等尚处于起步阶段，无法有效体现数据在交易市场的价值，数据管理有待加强。目前，《黑龙江省促进大数据发展应用条例》虽然已经出台，但仍然处于指导阶段，缺少细化的实施细则与相关办法，尚未建立覆盖数据资源采集、存储、处理、使用、流通、交易等各类市场主体的权益保障机制。对数据资源的开发利用与平台支撑不足，未有效整合政务云平台，全省人口、企业、法人、空间地理、信用、电子证照、民政等数据资源仍散落在各个不同业务部门，缺乏全面的数据整合。由于对数据资源的开发利用程度不够，大数据分析对管理决策的支持能力受到制约，场内数据交易服务体系尚未完善，数据交易市场规模扩大受限。上述问题的存在，造成了黑龙江省数据利用不充分、数据市场交易不通畅、数字生产力发展滞后的局面。

3.2.2.5　数据相关法规有待完善

从法律法规看，由于数据既强调安全性，又注重个人信息保护，更重视数字经济领域中发挥的作用，所以需要从法律法规层面提供保障。2022 年 5 月 13 日，黑龙江省人民代表大会常务委员会发布《黑龙江省促进大数据发展应用条例》。2024 年 12 月 19 日，黑龙江省第十四届人民代表大会常务委员会第十九次会议通过《黑龙江省数字经济条例》。但黑龙江省引入的主要是国家层面的关于数字治理、数字经济的法律法规，缺乏针对黑龙江省数字经济地域特点的地方法律法规体系。目前，部分企业已经在经营过程中形成了海量数据资源，并初步对数据进行整合与商业模式判断，形成了价值金矿。但由于没有具体的法律、法规，直接导致其不敢大规模探索数据应用场景与商业模式。尤其在无人驾驶、智慧城市等场景中，如果没有系统的法律法规体系支撑，是无法实现数字化转型的。

3.2.2.6　数据标准化不规范

按照没有标准不建、没有标准缓建的原则，避免低水平建设。政府对于数据管理的标准化、规范化是数据能否在市场中发挥数字生产力核心要素作用力的关键。黑龙江省对大数据标准的制定仍存在较大缺口，标准质量有待提升，标准试验验证与应用推广有待加强，标准化体系规划有待进一步完善和优化。一方面，同一指标的数据往往有不同的资料来源，缺少统一的数据标准和指标的界定，对于数据的认定难度较大，同时数据的格式以及储存形式不同，导致数据的采集和获取较为困难。另一方面，不同来源数据质量各异，数据采集的形式、质量不统一，导致数据在规范、分类、管理过程中工作难度加大。另外，由于数据标准化不规范，黑龙江省各个政府部门之间没有统一的数据采集标准和数据管理制度，对于数据的真伪也缺乏统一的辨别标准，从而导致黑龙江政府部门出现数据采集的真实性、准确性较差问题。

3.2.3　数字生产方式方面

3.2.3.1　未抓准科学规律

数字技术具备一系列特殊属性，包括集中迭代性（遵循木桶原理）、自我竞争性（受摩尔定律驱动）、融合赋能性（实现虚实结合）、成本结构特性（高固定成本伴随低边际成本）、平台依赖性、高度的可复制性以及易转化性等。因此其发展必须遵循规律，采取传统政策措施往往适得其反。在数字生产力中软件与硬件共同构成数字劳动资料而黑龙江省主要表现为轻"软件"重"硬件"，在实际调研中，普遍重视数据中心、云计算平台、数字化（智能）示范车间建设，忽略软件在数字生产力中的核心和灵魂作用。其结果是软件业发展持续走弱，软件业务收入占全国比重由 2012 年的 0.43% 下降为 2019 年的 0.077%。同期，头部省份份额普遍增长，北京市由 14.82% 提高到 16.62%，浙江省由 5.47% 提高到 8.48%。从建设效果看，黑龙江省部分产业数字生产力作用成果集中于可视化平台，只是生产经营结果的展示，未能与生产经营过程深度融合，虚实脱节。例如，全省绝大多数县级数字农业系统主要用于信息化等高新技术的展示平台，与农业生产实际脱节，对农业现代化发展的贡献有限。黑龙江省数字化生产发展始终没有回答"三个为什么"，数字生产力发展什么？数字生产力作用成果是什么？数字生产力供给与产业需求融合模式是什么？发展思路不清晰直接导致产业数字化发展仍处于粗放式发展阶段，应该积极依托新一代数字化生产要素以及科学信息技术产业基础和科教优势，争取在更加细分领域确立竞争优势。

3.2.3.2　数字生产力与实体经济发展不适配

数字技术发展拥有独特的发展速度与赋能模式，导致与传统实体经济融合的过程中，产生了诸多不适配的现象，如融合发展不充分、数字技术供给体系不健全、产业链数字化水平不均衡制约着新业态新模式的产生。尽管我国数字经济与实体经济融合已经取得一定成就，但融合的深度与广度仍有待提升。黑龙江省主要的突出问题表现为：一是数字技术与不同行业融合的速度与方式存在较大差异，其底层融合路径与机制仍需进一步探索。这导致大部分企业在融合过程中面临如何平衡资金投入与收益、选择技术平台、变革商业模式等现实问题，出现"不敢转、不会转、不能转"的困境。二是核心数字技术供给不足是数字生产力与实体经济发展不适配的重要短板。一方面，数字技术创新能力、创新产出和创新转化不足，制约了数字技术有效供给。

另一方面，数字技术创新体制机制有待完善，工业数字技术创新、技术应用与不同行业需求的适配性不足，也在一定程度上制约了数实融合发展。三是不同行业的数字化水平差距显著，农业、工业、服务业的数字经济渗透率差异较大。这种不均衡的发展态势导致在产业链数字化过程中，难以形成协同发展的合力。同时，产业链上下游企业的数字化水平不一，也增加了数字生产力与实体经济融合的难度。

3.2.3.3　市场主体有效需求不足

生产力面向数字化发展的核心是"经济"利益，市场主体只有算清楚"经济账"，才能利用好新一代信息技术，探索数字化生产力的发展模式。由于黑龙江省主导产业处于低利润水平，市场主体缺乏生产力数字化发展的利润支撑，有效需求不足。例如，制造业是数字化生产的集中领域与主战场，但是黑龙江省制造业进入了发展滞后期，处于低利润阶段，因此绝大部分企业都将数字化生产作为成本单元，没有精力进行数字化转型。此外，还存在新型基础设施使用不足问题，部分 5G 基站由于耗电量问题，存在夜间或空闲时段关闭情形。互联网 IDC 有效使用不足，部分计算、存储资源存在严重闲置问题。综上所述，黑龙江省在新型基础设施建设方面已经达到数字化转型与经济新业态产生的要求，但有效需求不足。

3.2.3.4　共性标准梳理不足

缺乏共同标准、平台、落地方案，云计算 PaaS、SaaS 供给不足。数字生产力的发展是共性与个性相结合的产物，需要共性标准、平台与解决方案。在培育和挖掘数字生产力的过程中，需要共性平台与共性落地解决方案相协调，才能从全社会降低新经济业态复制推广的平均成本。以云计算为例，云服务的三个层次包括基础设施即服务（IaaS）、平台即服务（PaaS）和软件即服务（SaaS），每个层次提供不同的服务内容和适用场景。在实际调研过程中，黑龙江省在基础设施即服务层次布局相对充分，在另外两个层次布局较为薄弱，导致部分企业需要另起炉灶，部署 PaaS、SaaS，增加了企业成本。

3.2.3.5 区域数字鸿沟显现

除哈尔滨市、大庆市、齐齐哈尔市外，其他区域没有典型数字经济科技企业活动，数字生产力集中在少数区域，数字鸿沟初步形成。根据黑龙江省高新技术企业数据库数据，黑龙江数字经济领域现有高新技术企业 500 家，哈尔滨数字经济领域现有高新技术企业 377 家，大庆市 76 家，哈尔滨市和大庆市占总数的 90.6%。黑龙江省虽然开展了一些国家级和省级的示范，取得了一定成效，但是从全省来看，数据应用场景开发不足，广大农民和农业经营主体对数字农业新业态认识程度还不高，受各地自然条件、地域特点、农民风俗习惯、经济水平等因素影响，各地数字农业建设和应用效果不均衡。

3.2.3.6 缺乏整体协调机制

目前，黑龙江省缺乏顶层设计，缺少从立法层面对数字化发展的总体规定，包括负责机构与协调机制。当前，信息化管理体制与机制尚不健全，鉴于"数字龙江"建设项目横跨多个层级与部门，黑龙江省在集中管理信息技术应用、数字经济推进及数据资产管理等方面工作尚未构建完善的信息化项目评估体系，项目评审、绩效衡量、数据共享机制及多元化运营模式等均处于待完善状态。省内直属部门与各地市（区）在推进信息化建设与智慧城市构建时，多采取分头推进为主的方式，缺乏高效的协同合作与联动机制。

3.2.3.7 缺乏差异化落地机制

"一套方案，四面出击"的施政模式的现象已成为常态，但忽视了不同行业间显著的差异性及其所处的发展阶段，导致在制定发展政策时缺乏必要的差异化落地机制。针对自动化、信息化水平各异的行业和企业，应当实施更为精细化的差别化政策，以探索并匹配各行业独特的实际发展路径。从三次产业的角度来看，黑龙江省农业虽拥有较为坚实的数字化基础，并在试点示范阶段取得了一系列成功经验，形成了"龙江方案"，具备通过 PaaS 和 SaaS 模式向全国推广的潜力。

3.3　数字化转型典型实践

数据是最基础的生产力要素，比特（Bit）是大数据最基本的信息单位，同时也是数字技术的微观基础，数字生产力和数字技术在生产活动中的应用实际上都是比特运动的结果。但比特终究是虚拟的信息符号，不具备实体物质形态，即使数据资源有共享性、无限增长性，但依然要以实际物质作为硬件载体，最终服务于实体经济。

3.3.1　农业数字化转型典型实践

（1）海伦精准农业

在大数据与技术创新的双轮驱动下，海伦市精准农业的示范在一定程度上说明生产力的更新往往伴随着生产经营模式的大胆尝试，两者互为前提与基础，保证农业数字化实现。以海伦为例，其首先通过确权数据确定地块，其次通过土壤研究所等相关企业购买土壤数据，再次通过遥感，明确土地密度、基温、每年降水对比，最后通过无人机，依据数据确定土地 pH 值、基温、光照、热辐射、氮磷钾含量等，根据以上信息确定适合土地的种植品种，选择种植密度，提供较为完整的方案，如翻地日期、深度，播种日期等，该方案每三天更新一次，根据遥感、无人机、气候变化、病虫害预警情况，随时更新数据。这种方式的优点在于，提供的施肥方案会比通常标准的施肥方案降低 10% 左右，且用药量更加精准，可以降低成本、增加产量。当前，海伦市并没有对农民进行数据的开放，而是由公司进行托管，运用种植方案进行第三方种地，通常情况下比农民亲自种地收成更好，后续还会引入收入险的保险，与金融业相结合。

近年来，随着中央一系列放活土地经营权政策的出台，我国农村土地的经营模式日益多样化。作为一种创新的农业经营模式，土地托管依托农业社会化服务的全面深化，有效整合了原本分散的农户资源，实现了农业生产从个体化向规模化、高效化、机械化模式的根本性转变，这一转变契合了当代生产力进步的需求，引领了农业经营模式的革新，成功应对了"土地谁来耕种，如何高效耕种"的时代挑战，显著促进了农业效益的提升、农民收入的增加以及农村整体面貌的改善，加速了农业现代化步伐的推进。

2019 年 12 月 24 日成立以来，海伦市农时土地托管服务中心致力于为托管农户构建涵盖金融支持、科技赋能、生产资料供应、农产品销售对接及精细化田间管理等在内的综合性土地托管服务体系。根据托管服务的深度与广度，该服务模式可细化为"全面托管"与"灵活托管"两大类别。其中，"灵活托管"，亦称"定制化托管"，赋予了农户充分的自主权，允许其依据自身实际需求，灵活挑选所需托管服务项目，由专业托管组织精准对接并提供服务；"全面托管"则实现了土地管理的全面覆盖，农户可将土地全权交由托管组织打理，从播种至收获的每一个环节，均由托管组织提供专业、系统的服务支持。2022 年，海伦市鼓励农民将土地委托给农时土地托管中心进行托管，通过不同程度的土地托管，不仅降低了生产成本，而且有效提高了农业单产，由以小农户为单位的粗放经营转变为采用先进技术、优良品种的集约经营。

（2）无人农场

据国家统计局公布的数据，2023 年，黑龙江省粮食生产实现"二十连丰"，粮食作物种植面积达到 22114.65 万亩，占全国总量的 12.4%，同比增加 89.85 万亩；粮食总产量 1557.64 亿斤（历史第二高），占全国的 11.2%，连续 14 年位居全国第一，同比增加 5.04 亿斤。意味着农业发展不仅稳定，更展现出"扩容"的积极态势。当前，农村务农主力日益老龄化成为不容忽视的现实问题。黑龙江省乃至全球的农业人口流失，实则是经济发展过程中常见的经济现象。因此，应当正视这一人口流动趋势，巧妙运用经济学原理，推动农业现代化转型，以科技和管理创新为引擎，引领农业向更高效、更智能的方向发展。据中国社会科学院农村发展研究所、中国社会科学出版社联合发布的《中国农村发展报告 2020》中的数据显示，我国农村发展当前仍面临多重挑战，包括农民增收难度加剧、种粮意愿减弱以及农村老龄化趋势等。展望未来，预计到 2025 年，中国城镇化率有望达到 65.5%，届时预计新增农村转移人口将超过 8000 万，农业劳动力占比或将缩减至 20% 左右；同时，乡村地区 60 岁及以上人口比例预计将攀升至 25.3%。

面对这一系列挑战与机遇，我们亟须探索并实施更加科学合理的农业数字化路径。正因如此，无人农场项目应运而生，其农机无人驾驶作业能力，无疑彰显了中国农业科技的最前沿水平。无人农场，即指在不依赖人工直接干预的前提下，依托大数据、物联网、机器人技术、人工智能及 5G 通信等先进数字信息技术，实现对农场设施、装备、机械的远程操控、全自动化控制或机器人自主作业，构建出一个覆盖农场全生产流程的无人化作业体系。其核心在于构建一个无缝集成的信息网络，将无人化作业技术、智能装备、农业生物体及云端管理平台紧密相连。然而，这一体系的运作离不开一个至关重要的"智慧核心"——农业物联网与大数据中心及无人化农场农机管理云平台。该平台配置了由 30 块显示屏组成的巨型电子墙，由传感器、摄像头以及其他采集设备实时采集田间的土壤状况、农业气象、空气温湿度等环境信息，同时直观呈现农机作业的实况，包括每台设备的作业状态、数据、卫星定位轨迹等，使工作人员在中心办公室内即可实现对无人化农机作业的远程监控与管理。简单来说，该数据管理平台首先汇聚海量数据，经深度分析后形成智能决策，再借助智慧平台将指令精准传达至作业农机。面对农业人口持续流失与农业生产效益增长的双重挑战，农业的未来路径成为亟待解答的议题。在此背景下，北大荒无人农场应运而生，提出了具有前瞻性的"龙江农业变革方案"。该方案聚焦于农业科技的核心突破，构建了一个集智慧育种、数字化管理于一体的商业化创新平台，通过技术革新驱动农业发展。北大荒集团深入实施黑土地保护战略，致力于土壤、肥料、水分、种子及栽培技术的全面优化，运用先进的工程、农业机械、生物技术、农艺知识及信息技术，成功实现"六化替代"与"全面覆盖"的农业管理新模式。同时，积极推广无人化农场运营模式，构建起涵盖种植、收获、土地整理、仓储、加工、物流的闭环式现代农业产业链，最大化提高农业资源利用率，实现精准农业下的成本节约与效益提升。当前，北大荒及周边区域（如北安、牡丹江）已相继成立农业综合服务中心，围绕农业生产的全生命周期，提供从生产资料供应、农机作业到病虫害统防统治等全方位服务，并逐步将农产品流通链纳入综合服务体系，形成"供应—种植—管理—收获—储藏—销售"的无缝对接服务网络。通过技术托管、土地集中管理、专业服务供给等模式，推动农业向规模化、专业化方向发展。为进一步强化农业服务的智能化与高效性，北大荒正全力打造数字农业服务平台，依托大数据与信息技术，量身定制全周期、高精度、协同性强的农业数字化解决方案。

由北大荒和碧桂园携手推进的"无人化农场项目"自签订合作协议以来，成功完成了玉米、大豆、水稻三大作物从耕种到收获的全链条无人化作业试验。无人化农场的发展顺应了未来农业趋势，碧桂园与北大荒建三江的合作为加速无人化农场技术的成熟与应用提供了宝贵实践，不仅极大提升了农业生产效率，保障了国家粮食安全，还通过总结经验，优化集成技术，为全球农业发展和粮食安全贡献了可复制、可推广的解决方案。"5G 无人农场"项目通过大数据采集分析和 5G 远程控制，实现建三江七星农场生产过程的数字化、智能化、无人化，有效解决了传统农业自动化集成度低、作业监控复杂、用工难等问题，可大幅节省人力、物力，提升农业生产效率，可向黑龙江垦区大面积推广应用，推进垦区数字农业发展。

3.3.2 工业数字化转型典型实践

（1）智慧油田

大庆油田是数字油田概念的发祥地，"十一五"期间实施的 1211 工程，使大庆油田初步具备了一定信息化能力，随着信息技术的发展，大庆油田积极对标国际先进标准，强化顶层战略规划，聚焦于油气生产物联网体系、云计算数据中心构建、ERP 系统深化应用及生产经营智能决策支持系统三大核心领域，加速推进信息化建设的全面升级。在此过程中，大庆油田精心部署了十项关键任务：一是深化油气生产物联网的部署与优化；二是探索并应用低成本的物联网前沿技术；三是强化 ERP 系统的运维保障与系统间集成效能；四是构建并完善大庆油田地理信息系统（A4）；五是实施中国石油采油与地面工程综合运行管理平台（A5）项目；六是打造天然气生产一体化指挥调度中心；七是建设高效能的大庆油田云计算数据中心；八是开发并应用大庆油田特有的生产经营管理与辅助决策系统（DQMDS）；九是推动移动办公平台的普及与高效利用；十是搭建群众性创新成果交流与共享平台。这一系列举措的实施，显著提升了大庆油田的信息化水平，促进了生产流程的智能化转型，进而实现了工作效率快速提升。

（2）电站商用远程智能诊断系统

哈电集团"超级大脑"项目：实现从制造环节向服务领域拓展。哈尔滨电机厂有限责任公司（以下简称"哈电"）2015 年被评为省级技术转移示范机构，2023 年被评为黑龙江省技术创新示范企业。哈电的产品遍及包括台湾地区在内的国内所有省份，并出口到包括美国在内的 30 多个国家。作为国内电力行业首个投入商用的远程智能诊断平台，"哈电电机丰满智能运维诊断系统"彻底颠覆了传统"计划检修"的高成本模式，引领电站运维检修步入数字化、系统化、智能化的"状态感知与精准检修"新纪元，成为电站运维领域的智慧中枢，即"超级智慧核心"。依托哈电电机长期的技术深耕、持续的迭代优化以及卓越的用户体验，公司在电站远程智能运维服务领域已稳居行业前沿。相较于传统发电设备监控体系，哈电电机的智能诊断系统实现了从"数据感知末梢"向"智能决策中枢"的根本性跨越，不再局限于数据的简单汇总与展示，而是依托大数据与 AI 技术，在机组全生命周期内实现了专家诊断的高级运维模式。

该系统作为哈电电机发电设备远程监测与诊断技术的 V2.0 升级版，通过精准捕捉并分析海量机组运行数据，以"定制化故障诊断报告""综合健康评估报告"及"优化运行策略建议"为载体，为电站提供了全方位、跨生命周期的"健康监护"与"预防性维护"服务。它如同一位"私人健康顾问"，致力于为电站设备提供全周期的精心呵护，确保机组在稳定运行的同时延长其使用寿命。

此系统不仅为即时故障识别与解决方案提供能力，还能精准评估机组当前健康状态，预测潜在故障风险，并为优化运行提供策略支持，显著提升电站管理效能，精准缩小检修范围，缩短维护周期，最终实现"运营成本削减逾两成、生产效率提升超两成、单位产值能耗降低一成以上"的显著效益。之所以被誉为电站的超级"智慧核心"，得益于其深度集成了 SOA 架构、双向故障诊断机制、智能推理引擎、前沿智能采集技术、独立诊断模块、严格的数据安全策略以及庞大的专家知识库七大核心技术，共同构成了强大而全面的智能运维能力。

（3）智能工厂

按照《黑龙江省智能工厂认定管理办法（试行）》的规定，拟认定大庆沃尔沃汽车制造有限公司的生产制造工厂为首个智能工厂。智能工厂作为现代化工业的典范，融合了自感知、自学习、自主决策、自主执行与高度适应性等智能特点，为企业赋能了快速响应市场、优化成本效益、强化竞争实力等优势。工厂依据工业级互联网高标准构建内部网络，确保网络覆盖超九成区域，同时部署了先进的生产过程数据采集与监控自动化系统（SCADA），实现了从现场操作监控、生产进度追踪、质量严格检验、物料高效流转到设备状态监测的全链条数据自动化上传、即时存储与长期可追溯，并借助管理动态可视化技术，显著提升运营透明度与效率，综合经济效益尤为突出。

沃尔沃汽车大庆工厂坐落于大庆高新区，占地面积广阔。在备受瞩目的"2018 年度智能座驾评选"中，沃尔沃汽车大庆生产基地脱颖而出，成为唯一一家汽车制造领域荣获"年度智慧制造典范工厂"的企业。该工厂凭借高度自动化的生产流程、与全球接轨的卓越品质管理体系、秉持的绿色健康造车哲学，以及确保产品安全无忧的卓越品质，赢得了业界的广泛认可与高度赞誉。大庆工厂作为沃尔沃汽车在全球范围内技术领先的标杆，严格遵循沃尔沃全球统一的生产制造体系 VCMS 与质量运营标准 GQOS，全面覆盖了从原材料采购至冲压、焊接、涂装、总装的全流程生产体系。其中，现代化的焊装车间依据全球统一标准打造，大范围部署了 ABB 智能机器人，广泛覆盖侧围、主线、车门、翼子板、顶盖及调整线等多个关键生产环节，执行搬运、精密点焊、自冲铆接、激光焊接、滚边成型及涂胶等多样化作业。

3.3.3　服务业数字化转型典型实践

（1）农业金融服务平台

黑龙江省构建的农业金融服务综合平台解决了农业领域融资困境，特别是针对融资难度大、成本高的问题。自 2018 年起，依托农业农村部金融支农服务创新试点的强劲助力，黑龙江省携手哈尔滨工业大学与中国建设银行，深度融合本省农业大数据资源，成功打造了"黑龙江省农业金融服务综合平台"，开创性地实践了"农业大数据赋能金融"的支农新范式。此模式根植于便捷农民、惠及农户的初心，巧妙运用数据增信策略，实现土地承包、流转、补贴等涉农政务信息的跨部门共享，推出"地押云贷""农信云贷"等灵活便捷、成本透明的金融产品，赋予农民更加尊严的融资渠道，同时激发了金融机构与农业农村部门的协同活力，激活了沉睡的数据资产，为农村金融资源开辟了新流向，达成了农业发展、农民增收、金融效益提升的三重目标，实现了多方共赢的显著成效，为破解农业贷款难题提供了创新路径，为农户及新型农业经营主体信贷难题的解决铺设了关键桥梁，并指明了农业农村金融深化发展的重要方向。

在具体信贷审批流程上，该平台依托先进的农业大数据中心，构建金融服务平台，促进了金融机构与政府间的无缝数据对接。一是数据共享机制的建立：黑龙江省政府强力主导，农业农村部门率先垂范，成立农业大数据管理中心，实施数据脱敏处理，确保安全共享。随后，通过该平台作为数据枢纽，与中国建设银行等金融机构实现农业数据的深度互联互通，驱动信贷产品创新。二是平台引入线上抵押机制，紧抓农村土地确权改革契机，构建土地流转抵押系统，实现贷款申请、审核、抵押、放款的全链条线上化操作。三是推出在线申请服务，农民仅凭手机 App 即可便捷申请贷款，享受"即用即还""日息计算"的灵活服务，极大缩短了贷款周期，降低了融资成本。四是平台依托精准授信体系，金融机构依据农户申请，利用平台调取的土地确权、流转等翔实数据，进行多维度主体画像，实现贷款审批与放款的精准高效。

全国金融界，利用农民的数据给农民作信用或抵押贷款。用数据进行贷款，贷款成本较低。原来的农村信用社的贷款利率较高、贷款期限较短、贷款难度较大。2017 年开始，国家投入经费来推动土地确权工作的全面开展，借助卫星、无人机等高科技手段精确界定承包者身份及地块地理位置，并绘制出详尽准确的土地地图。随后，经过严格的数据脱敏处理，与哈尔滨工业大学及中国建设银行等权威机构强强联合，共同为农民群体量身打造贷款方案。贷款流程便捷高效，农民仅需通过建设银行手机 App，轻点指尖即可选择是否同意查询个人土地信息。一旦同意，系统将即时展示土地的基本信息、承包期限等关键数据，随后农民可轻松完成贷款授权，资金即刻到账，实现随借随还，利息自实际使用之日起计算，且利率已优化至 4% 以下，极大减轻了农民的财务负担。目前，该模式已吸引多家银行积极加入合作行列，共同推动金融行业利率水平的整体下降，有效促进了传统农民贷款模式的利率下调，惠及更多农村地区。此举不仅展现了金融科技的力量，也为其他省份提供了宝贵的借鉴经验，助力全国范围内农村金融服务的全面升级与优化。

（2）哈尔滨市政府数据开放平台

哈尔滨市政府积极构建数据开放平台，黑龙江省网信办遵循《关于推进公共信息资源开放的若干意见》，于 2018 年 12 月印发了《黑龙江省公共信息资源开放目录（首批）》。黑龙江省 13 个地市均依据省级清单，系统梳理并整合了各自区域的数据集，广泛覆盖了教育、科技、市场监管、工业经济、税务管理、民族宗教、民政服务、社会保障、地理信息、文化旅游及卫生健康等多个关键领域的信息资源，待省级平台的全面启用以后可实现数据共享。目前，哈尔滨市、大庆市、绥化市等地已率先设立数据开放平台。以哈尔滨市为例，哈尔滨市数据开放量较多，哈尔滨市公共数据开放平台公布的数据显示，截至 2023 年 12 月，哈尔滨开放了 51 个部门、数据目录 3303 个，其中大数据中心、发展改革委、城建局、统计局、市场监督管理局、农业农村局等部门发布的数据目录较多。平台的数据接口为 2776 个，其中信用服务、资源环境、农业农村、公共安全、财税金融等领域的数据接口量较多。数据主要涉及城市、信息、民生、工业、卫生、气象、信用等领域。此外，该平台作为哈尔滨市政府优化服务环境的创新举措，于 2018 年 5 月在中国政府信息化年会上荣获"2018 中国政府信息化管理创新奖"。依托此平台，哈尔滨市创新性地推出了"e 冰城"综合自助服务终端及 App，为民众提供了更加便捷、高效的政务服务体验。

在政务服务大厅，"e 冰城"自助终端集成了文件打印、材料扫描、移动支付等功能，并配备身份证识别、数字键盘、人脸识别等先进设备，操作简便快捷。服务范围覆盖政务服务、公共服务及便民服务等多个领域，可办理上万项政务服务事项，并支持快速验证个人身份信息、住址、信用记录、医保社保等高频查询需求。此外，该终端还拓展了水电费缴纳、公积金及户籍信息查询、政务服务指南自助查阅等多样化服务，实现了跨地域服务办理，与海口、三亚等外省城市政务服务终端对接，极大便利了异地居民的高频政务办理。目前，"e 冰城"自助终端正逐步向街道、社区等人口密集区域的办事大厅及服务点扩展，同时，通过与银行的深度合作，试点在其自助终端开通个人医保、社保、房产等高频政务服务的核查打印功能，进一步拓宽了政务服务渠道，推动了便民服务的多元化发展。

"e 冰城"App 涵盖了特色服务专区、办事、生活等领域，具有覆盖市、区县、乡镇、街道、社区多级的政务服务能力。同时针对市民和企业的办事需求，推出了上新服务、高频服务专区、企业服务。上新服务涵盖城市区域分布查询、开具临时身份证明、"自己查自己"等功能；高频服务专区涵盖医保、人社、税务、公安、卫健、残联等部门的高频事项；企业服务涵盖个企通办、利企服务、企业开办直通车等。"e 冰城"不仅大幅提升了政务服务效能，还为市民和企业提供了更好的政务服务。

（3）医疗影像云

当前，中国智慧医疗市场需求高速增长，规模迅速扩张。《2021—2025 年中国智慧医疗建设行业发展趋势预测及投资战略研究报告》数据显示，到 2025 年，国内智慧医疗市场规模将历史性跨越 5000 亿元人民币的里程碑。随着各地医院积极向智慧医疗转型，医疗影像数据的海量存储挑战日益凸显，促使医疗影像技术成为数字化转型与智能化升级的新焦点。黑龙江省在此方面主动作为，通过构建医疗影像云平台，为全省医疗机构的数据管理、医生诊断效能及患者就医体验带来了显著提升。黑龙江省卫生健康委员会携手天翼云，共同打造了黑龙江医学影像云平台，该平台成功实现了省内各级医疗机构间的信息互联互通，支持医学影像数据的云端统一存储、高效传输与科学管理。此举不仅为患者提供了云端影像诊断、远程医疗咨询、数字影像资料获取等便捷服务，还有效缓解了基层影像诊断资源匮乏、检查数据孤岛化、传统胶片管理难题，有力回应了民众对高质量医疗健康服务的迫切需求。

作为"数字龙江"战略的重要组成部分，黑龙江省正加速推进医疗、教育、交通等领域的全面数字化转型。例如，黑龙江省卫生健康委员会与天翼云的合作，通过医学影像云平台，创新性地提供了包括医技辅助诊断、临床远程协作、在线门诊咨询、影像复审确认及数字影像服务等在内的多元化医疗服务。特别是数字影像服务，依托云计算、大数据、人工智能、物联网及移动互联等先进技术，让医生能够灵活利用各类终端随时访问、分享医疗影像，并进行精细化的影像分析操作，如局部放大、精准测量、三维建模等，从而极大提升了诊断的精确性与效率。此外，该平台还促进了医疗资源的深度整合与优化配置，构建了黑龙江省内"省—市—县—乡"四级联动的医疗协作体系，有效提升了基层医疗机构的影像诊断能力，为"健康龙江"战略的深入实施奠定了坚实基础。

医疗影像云助力黑龙江省建立智慧医疗服务体系，服务龙江民生，龙江电信联合省卫生健康委，正式向全社会发布黑龙江省医疗影像云平台，为全省1000多家医院提供影像存储和远程调用服务，从而实现医疗影像跨院、跨区域、跨个人以及更方便的电子化数据的共享，标志着黑龙江省影像存储及诊断服务迈向了"互联网+医疗"的信息化转型发展新阶段。同时，龙江电信将进一步围绕医疗影像云平台深耕，将其升级为全省全民健康信息平台，推动全民健康档案和电子病历普及。

4 挖掘与培育数字生产力的对策之一

——优化数字生产力发展路径

为促进黑龙江省数字生产力深化发展，各地区需从科学技术以及数字生产力构成三要素（数字劳动者、数字劳动资料、数字劳动对象）着手，加快打造高质量数字人才队伍、夯实数字劳动资料基础设施建设、完善数字劳动对象建设，推动科学技术在三要素中的深度融入和广泛应用。

4.1 推动科学技术进一步发展

4.1.1 科技创新体

加快推进数字化科技转型——相关政策的出台，面向全省数字化转型重大需求，前瞻部署一批战略性研发项目，由专门的工作领导小组牵头，由黑龙江省科技厅、黑龙江省工业和信息化厅等机构组织实施一批数字经济重大科技计划项目，实施"揭榜挂帅"项目，攻克一批数字经济重点领域关键核心技术。以"数字龙江"场景建设为牵引，加强大数据、物联网、智能化软件、人工智能等技术在现代农业、智能制造、智能医疗、智慧城市、智能旅游、流通体系等领域中场景应用示范的开展力度，加快形成场景建设集聚效应和场景技术供给多元态势，形成多方参与的长效场景建设机制，催生出"科技+场景"驱动的新发展模式。明确数字经济研究院、产业园等在新一代信息技术领域高质量成果转化平台的引领示范作用，加快探索符合黑龙江省情的可复制、可推广成果转化创新模式，着力将科技资源优势转化为产业竞争优势，创生一批"高技术、高成长、高附加值"的新经济业态企业，构建"高水平产业集群+高质量科技成果转化平台"的发展体系。

4.1.2　技术协同发展

科学技术的不断进步是推动数字生产力发展的重要因素，加速了生产关系和生产方式的进一步演变。加强技术协同发展能力对促进创新能力、降低技术成本、突破技术壁垒有重要意义。政府作为科学技术的使用者和管理者，一方面，应明确技术的应用方向以及技术和服务的匹配关系，不断提高技术与实体经济的融合效率；另一方面，应发挥监管作用，明确具体技术的具体职责。同时，借助国内外的成功经验不断引进先进技术运用到政府政务服务中，关于技术的使用流程建立明确的标准框架，并对实施工作进行监督和问责，出台相关政策促进大数据、云计算、互联网、物联网、人工智能等新型技术企业入驻黑龙江，积极引进高端的技术人才流入黑龙江，为技术不断创新进步、充分发挥作用效能提供人才基础。企业要重视技术人才，扩大人才规模，提高人才质量、福利待遇和工作环境，不断搭建人才培养平台，增加人才在企业间合作交流的机会，把握黑龙江数字经济的发展动态和技术发展趋势，为培育和发展数字生产力打造先进人才队伍。头部企业应积极发挥带头作用，引进先进的科学技术，充分与其他企业合作交流，提高技术、知识的空间溢出作用，为突破技术束缚、破除技术壁垒不断发力。

4.1.3　大数据技术

要推动大数据技术的广泛应用，提高大数据市场主体的总量，深化大数据在产业方面的应用，拓宽规范化数据开发利用场景，发挥领军企业在行业中的带头作用，推动人工智能、区块链、物联网等领域的标准化数据采集，加强大数据在政府、金融、零售、电子商务、生活出行等方面的作用。进一步提高大数据技术创新能力和管理决策的支撑能力，通过分布式计算、实时计算、流式计算对大数据进行分析处理，引入数据可视化技术与人机交互技术，满足海量多源异构数据的处理要求。培育数据要素市场，建立数据安全、权利保护、跨境流通、交易流通、数据共享的制度和规范标准，更大效率地进行数据资源的开发和利用，为推动黑龙江省数字经济高质量建设提供有力的技术支撑。

4.1.4　云计算技术

提高云计算技术的创新能力，推动黑龙江省算力的科学布局和合理调度，例如，可以建设绿色高效的云数据中心、智能算力中心和边缘数据中心等以加强云计算技术的创新能力。鼓励数据中心在数字经济园区集聚，支持采用液冷、微模块、高密度节点、余热利用等绿色节能技术和模式建设数据中心。鼓励城市内部运用云计算技术面向行业应用需求合理布局边缘计算节点，提高对边缘计算节点和中心节点的协同管理能力，实现"云+边+端"高效协同计算，满足智能网联汽车、智能制造、远程医疗等行业的技术需求。同时，加快推进卫星互联网数据中心、北斗导航位置服务数据中心建设，筹划智能超算中心的建设，推进数据中心服务从数据存储型转变为计算支撑型，争创建设大数据中心国家枢纽节点和国际级区域数据中心节点。

4.1.5　卫星通信技术

采用国际先进的天地一体化高低轨融合卫星通信技术促进卫星互联网行业发展，融合地面成熟的 4G/5G 通信技术实现广域泛在宽带互联，并结合各类终端与基于先进互联网应用平台技术的行业应用系统，实现两个或多个地面站之间的通信，通过对空中卫星系统进行跟踪、检测等确保通信系统正常运行，对于地面用户端，如为机载、车载、船载终端等提供"通信+综合行业"应用产品及服务。启动卫星互联网新基建工程，统筹建设低轨信号站系统、网络运营中心以及若干套卫星互联网多模终端，打造多种应用产品与服务，形成卫星互联网产业链。

4.1.6　物联网技术

集中力量发展物联网核心、关键技术，加强物联网技术在各个场景中的创新应用，依托物联网技术实现人类社会与物理系统的有效整合，提供更加精细有效的资源管理方式。强化城市公共设施物联网工程，依托智慧城管传感器部署，完成城区 NB-IoT 网络建设，城市公共设施物联网平台连接传感器覆盖全部部件。加大物联网技术对智慧城市平台的支持，弥补城市大数据平台对非结构化数据和前端物联感知设备管理的缺项，加快市域分散独立、碎片化、烟囱式物联感知资源的整合，建立市域"统一感知标准、统一协议适配、统一设备接入、统一数据共享、统一应用支撑"的物联感知平台，推动感知设施与其他信息基础设施统一规划、统一建设，加强城市感知信息共享共用，对市域物联感知运行态势进行可视化动态监测和统筹管理，实现"物联、数联、智联"，提升城市治理精细化水平。

4.1.7　视联网技术

视联网技术可以将数据可视化，通过屏幕呈现"增强"后的数字画面，赋予信息更具实时的互动性与实用性。利用视联网技术建设安全性智能城市，首先要强化视联网技术在全市城乡视频网络组建中的作用，实现各区域无死角覆盖，视频网络全部组网并网，数据实时传输，以及智能化管理。深化推进"雪亮工程"建设，充分考虑"人、事、地、物、情、组织"等信息和资源的整合，不断优化市域一类摄像头空间布局，建立"高低结合、动静结合、点线面结合"的一类摄像头监控网络，实现视频监控"断面无盲区、局部构成封闭、多设备关联、多点联动监控"，避免摄像头重复建设，减少资源浪费。构建市域统一的视频整合平台，将交警、交通、治安、城管等一二三类点视频全部接入总平台进行统一管理。

4.1.8　人工智能技术

黑龙江省数字经济发展的发力点是引培数字经济核心产业，在数字经济核心产业内部优先发展人工智能技术，充分借助建设国家新一代人工智能创新发展试验区与哈大齐国家自主创新示范区的机遇与红利，实现人工智能技术突破、制度创新、产业发展、生态建设。同时，找准新一代信息技术供给与产业需求结合点，以人工智能技术供给与工业振兴需求作为结合点，实施"人工智能+工业振兴"攻势作战方案，"人工智能+工业振兴"双向突破、融合共生。此外，将数字经济的落脚点放到工业振兴上，通过新一代信息技术赋能，构建工业互联网体系，推进智能制造，重铸老工业基地的新优势。

4.1.9　城市时空信息技术

加强城市时空信息技术创新能力，推进空间信息基础设施建设，统筹完善基础地理信息、卫星定位连续运行综合技术系统、定量遥感真实性试验场等空间信息基础设施的建设，打造天地一体化信息网络。构建新型城市时空信息综合服务平台，增强空间信息服务的整体技术实力与效能，提供多样化、便捷化且功能强大的开放共享数据服务与计算能力，确保城市运行动态信息的即时接入，促进跨部门数据的深度整合与融合，实现城市空间智能分析与优化策略的制定。在技术层面，统一规划全省空间基准体系，确立空间数据采集与融合的标准框架，为经济社会的全面发展在时空维度上构建统一、精确的参考基准与度量体系。进一步着力构建覆盖全市域达到高精度标准的时空基础数据体系，形成全面、无遗漏的城市数据基础。同时，推动智慧城市空间数字底座的升级，通过提升三维空间建模的精细度与表现力，结合物联网感知数据的深度融入，初步构建一个全空间、全要素的城市信息模型（CIM），为各级政府与部门提供精准、可信的基础时空数据支撑，进而全方位赋能智慧城市的深度建设与发展。

4.2　打造高质量的数字人才队伍

4.2.1　打造人力资源全链条服务体系

坚持"留强扶弱"原则，用好用活《新时代龙江人才振兴60条》，重点关注新一代信息技术领域的人才流失问题，在留人、待遇方面争取实现突破，延缓新一代信息技术领域高层次人才流失。加快建立新一代信息技术领域人才库，针对新一代信息技术领域人才激励机制、竞争机制严重缺失的问题，率先研究、实施新一代信息技术领域人才认定办法，因人施策，为中高端人才提供更多元化的政策保障。鼓励市（地）在新一代信息技术高层次人才领域探索个人所得税先征收后返还，留住新一代信息技术领域的高层次创新人才、创新型领军人才、青年科技人才和创新团队。鼓励龙江工程师学院、龙江企业家学院开展形式多样的研修培训，不断提升企业家数据素养，明确数据是未来企业经营的必然选项。重点解决新经济业态劳动保障问题，建立面向新就业形态群体的零工市场体系、政策制度体系、劳动标准体系、社会保障体系、工会组织体系，切实增强新就业形态群体的获得感、幸福感、归属感。

4.2.2　加强学校专业教育

党的二十大报告强调，要加快建设教育强国、科技强国、人才强国战略，可见教育与科技和人才建设是分不开的。一是要推动高校的教育质量，找准科学发展定位，调整创新型人才的课程培养体系，促进人才结构合理化，通过扎实的专业基础知识、精湛的前沿技术实践能力来深化行业技术型人才的培养。二是要增加学科间的互动，发展多学科交叉融合发展，通过"学科共生"实现"技术共长"，促进人才多学科、多领域发展，增强个人综合素质、释放创新动力，把专业知识融入专业岗位。三是打造专业资深的教师队伍，坚持"引育结合"的路线，有针对性地引进具有辩证思维、理论创新、专业技术过硬、教学能力优秀的高水平教师团队，并积极引进具有国际影响力的国家级教师人才，推动学科教育具备国际视野，开设国家级课程进而提升综合教育水平，可以有效打破知识教育的本土束缚和"近亲繁殖"的学缘结构。另外，可以借鉴先进的教学方法，开展国际人才交流合作，为教师和学生提供更多的国外学习机会，提高学生的思维创新能力和专业水平。

4.2.3　重视岗位技能培养

在专业人才培养建设中，人才最终要流向具体的社会实践和工作岗位，人力资源有较强的社会属性，在这一活动中企业肩负着重要的人才培养职责，企业把在校学习专业知识的学生转化为企业实践的专业人才，转化的效率取决于企业的专业技术的成熟度、人才培养机制、岗位晋升路径以及管理者的管理水平和情感意识等条件。一是对于人才培养要有良好的基础设施，如可以组织人才进行集中培训的设备、场地、网络设备和数字化资源等。二是要有成熟的管理制度，对于员工的培养机制和晋升路径有明确的文件或标准，并通过激励制度来激发重点人才的工作热情和企业归属感，减少人才流动带来的技术流失和竞争对手的威胁。三是提高管理者的领导意识，上级领导的态度和情感对于企业的人才培养和绩效成果具有重要作用，提高领导者在过程管理和组织培训活动中的参与度，加大对员工的人文情怀，对于员工的建设性意见保持支持态度是促进员工创新发展，具备辩证思维，保持归属感、认同感的关键因素，可以有效地培育人才，防止人才流失。

4.2.4　建设校企合作培养路径

高校的人才培养是为了向企业输送专业知识的创造者、使用者和管理者。高校的产学研发展模式既要培养专业人才的实践能力和社会技能，又要符合企业相关的人才需求来制定培养方向，所以打造高质量的人才队伍离不开学校和企业的有效合作，因而应丰富学校的教育内容和弥补企业人才培养资源的不足，达到高校、企业、人才的多重共赢。校企合作的人才培养路径主要有两种：一种是以学校为培养基地，把本企业的在岗员工作为主要培养对象，把目标人才送到高校进行专业知识、技术的培训，包括岗前培训、补偿性培训、学历深造等专业性教育。同时，注意课程开设要具有针对性，对技术型人才授课重点关注技术领域的前沿知识；对管理型人才授课重点进行企业文化、管理规划、品牌战略、企业竞争等内容的培训。另一种途径是以企业为主要培养基地，把在校学生输送到企业具体岗位中进行实习，学生通过学校、企业的多次轮转，夯实理论知识、增强专业技能，实现学校对企业进行有效地人才资源输送。校企合作过程中可以采用创新竞赛的培养机制，形成以赛促学、以赛促教、以赛促改的效果。既能培养专业人才的竞争意识，又能在比赛中进行知识技术交流，弥补自身专业的不足。需要注意的是，在竞赛的实施过程中很多选手主要通过自学的方式，成效很低，可以采用在校教师组成专业指导团队的形式或者聘请社会的专业指导教练进行辅导，以提高人才培养成效。

4.2.5　加大人才引进力度

政府在人才队伍培养建设中具有统筹协调、支持引导的作用，政府对于人才引进的资金支持、政策支持以及资源共享是高水平人才队伍建设的有力保障。黑龙江人才引进整体力度不高，仅哈尔滨的人才引进有较大进展。因此，要全面加大政府人才引进政策的力度，首先要增强政策的科学性，结合黑龙江的实际情况，根据实际问题中人才的具体需求有针对性地制定引进计划，并且对企业的人才需求进行调研，以吸引相匹配的人才，并确定人才的引用标准，配备一套科学的人才筛选机制以及相关待遇标准，避免人才良莠不齐造成的资源浪费。其次要增强政策的灵活性，政府在指定人才的时候要考虑各方职能部门的相互配合，并在政策实施方面进行追踪和监督，解决人才遇到的阻碍和困难，根据具体实施效果完成信息反馈，及时进行政策调整。再次要增强政策执行的协同性，落实好政府在政策实施过程中的主体责任制，以及下级部门的目标责任制，协调各部门分工协作，做好各部门间目标协同、组织协同、信息协同工作。最后要增强政策的创造性，不仅要靠基金资助来吸引人才，还要在解决人才配偶的工作问题、子女的教育问题等方面制定和落实政策。

4.3 夯实数字劳动资料基础设施

加快建设并着力解决好黑龙江省基础设施建设方面存在的短板和弱项问题，统筹推进对硬件基础设施的数字化升级改造，加快软件基础设施建设，夯实数字底座新基础。

4.3.1 夯实硬件基础

4.3.1.1 千兆光纤

统筹推进全省光网工程，推动国家骨干网和城域网协同扩容，开展千兆光网提速改造，推进千兆固定接入网建设，分片区、分批次开展千兆光纤网络能力升级。加快农村地区千兆光网建设进度，加大力度建设农村地区双千兆网络，完善电信普遍服务补助政策，提高偏远地区信息通信基础设施建设水平。加快 IPv6 规模部署和应用，推进网络、平台、应用、终端的全面升级改造，促成各行各业对 IPv6 的全面支持。

4.3.1.2 集成电路

加快推进集成电路产业的规模建设，引导集成电路装备及零部件企业向园区集聚，通过资源整合，为园区范围内其他企业提供空间溢出效应，增强技术、知识的交流与合作，加强芯片的设计能力，为智能电网、物联网、人工智能等新兴技术的智能化和数字化提供关键设备部件。在集成电路产业发展初期完全依靠单个企业进行研发是很难实现技术突破的，还需要产业基础、产业配套和政策支持。黑龙江省在集成电路的发展布局上呈现出应用引导、技术牵引的客观规律，所以还应着重提高集成电路的芯片技术能力，促进产业链中设计、制造、封测等环节的共同发展。为培育和发展数字生产力提供基础支撑。

4.3.1.3　计算机网络设备

计算机等电子网络设备是数字生产力发挥作用的重要载体。一方面，要加快关键信息技术在关键核心领域的技术创新和迭代应用，提高计算机、智能手机等电子产品的附加值，提高居民生活、消费的数字化水平，丰富居民的数字生活化体验，以满足人民日益增长的美好生活需要。另一方面，要支持重大项目建设。充分调动各类基金和社会资本积极性，进一步拓展有效投资空间，有序推动集成电路、新型显示、通信设备、智能硬件、锂离子电池等重点领域重大项目开发建设，加强能源资源、用工用地等生产要素保障，积极吸引各方资源，提升有效产能供给能力，力争早投产、早见效，带动全行业投资稳步增长，进一步增强计算机等电子信息设备在全省的利用效率。

4.3.1.4　算力设施

优化算力产业的规划布局，提升智能计算平台效率，提供算力基础设施支撑。为满足通能、智能、超算等多元化客户需求，设计多源异构资源调度引擎，在智能化作业流程中，灵活适配各类资源需求。同时，致力于优化数据中心布局，构建一体化大数据中心枢纽与集群，实施整合改造升级工程，以科学规划引领发展。此外，积极构建高等级绿色云计算平台与边缘计算节点，推动"云网融合"与"能算协同"战略，优化网络架构与带宽，统筹能源与算力网络布局，促进资源高效利用。不断探索新型计算体系，如超导计算、量子计算、类脑计算、生物计算等，通过构建算力基础设施，并开展算力普查工作，清晰掌握算力总量、人均算力及构成，确保算力发展与经济社会需求相协调。中国移动和中国联通是算力的主要提供商，肩负着为发展数字生产力并提供分布式存储与分布式计算的责任。应积极响应省委、省政府号召，充分发挥哈尔滨引领全省大数据产业发展的带头作用，打响哈尔滨"中国北方数据中心"的品牌，为推动黑龙江省"数字龙江"战略实施和产业发展作出贡献。

4.3.1.5 5G基站

加快 5G 基站规模部署，推动基站共建共享，推进 5G 独立组网（SA）建设。面向有条件、有需求的农村逐步推动 5G 建设。加快促进 5G 应用领域与工业制造、民生服务、文化娱乐、城市管理等多领域的深度融合与创新，特别是以 5G+智慧医疗、智能装备、智能网联汽车、智能家居等为代表的产业融合应用，培育一批领军企业以及研发智能 5G＋产品。同时，推进 5G 700MHz 频段广泛部署，实现城乡及热点区域的连续覆盖，并拓展其在智慧边防、智慧林草、智慧农业等领域的应用。鼓励异网漫游试点，支持 5G 接入网共建共享，推动县级及以下区域 5G 网络异网漫游，构建热点区域多网并存、边远地区一网托底的移动通信网络新生态。

4.3.1.6 实现数字核心产业率先发展

当前，全球数字技术创新正处于新一轮加速阶段，新一代移动通信、下一代网络、云计算、物联网、大数据等技术与基础科学、传统产业的深度融合，正孕育着新产业、新业态、新模式的涌现。在产业数字化浪潮中，智能硬件、工业软件、新型平板显示、高性能集成电路、6G 等新技术产品展现出巨大市场潜力，为培育数字生产力增长点提供了前所未有的机遇。

1）核心发展思路。找准发力点、结合点和落脚点，实现数字经济内部的良性循环。在黑龙江省数字化发展过程中，必须明确主导领域与分阶段重点，决不能"眉毛胡子一把抓"，而要下好"精准"这盘棋，必须找准发力点、结合点和落脚点，有的放矢、精准发力。具体而言，要深入分析黑龙江省产业特色、资源禀赋和技术优势，将数字经济与实体经济深度融合作为发力点，通过智能化改造、数字化转型，推动传统产业焕发新生。同时，结合点应聚焦于创新体系的构建，加强产学研用合作，促进科技成果转化，形成创新引领的发展态势。落脚点则需落在提升人民群众数字素养、缩小数字鸿沟、实现共同富裕上，确保数字经济发展成果惠及全民。通过有的放矢、精准发力，不断优化数字生态，激发市场活力，才能在数字经济浪潮中抢占先机，推动黑龙江省经济社会高质量发展。

强化鼓励政策比较与选择，加快构建高效政策支持体系。建议黑龙江省将数字化发展下一步重点工作放到新一代信息技术企业引培上，加快出台发展数字经济核心产业的相关政策，对推动数字化核心产业发展进行总体部署。既要与发达地区开展协同合作，也要错位发展，突出黑龙江省创新与场景引领优势，增强人工智能、智能制造等领域的技术优势与产业长板。强化与各地区鼓励政策比较，精准选择人工智能产业关键领域与环节，确保鼓励政策高于其他地区以及政策红利的吸引力，努力打造审批最快、奖补最高、配套最全、服务最好、政策最优的"五最"营商环境。加快政策全链条全环节覆盖，打造涵盖新一代信息技术产业"基础研究+技术攻关+成果产业化+科技金融"全过程的政策支持体系。

2）实施"人工智能+工业振兴"战略行动，构筑哈大齐协同创新体系。依托哈大齐国家自主创新示范区，实施"人工智能+工业振兴"的全方位作战方案，构筑哈大齐协同一体化的科技创新走廊与工业走廊。该方案将围绕"1+6+N"框架展开：以人工智能为先导，赋能六大新型数字产业领域（新能源汽车、生物医药、高端智能家居、智能高端装备、智能食品加工、智能农机装备）的加速发展，并推动 N 个传统支柱产业（如轻工、新材料、新能源、航空航天）的智能升级。通过这一战略部署，将在新一代人工智能产业关键技术及人工智能赋能制造业转型升级方面取得双重突破，强化前瞻布局、协同创新与跨界融合，加速构建新一代人工智能产业体系与智慧型先进制造业体系，在全球科技竞争中占据领先地位。在全球范围内紧跟科技革命与产业变革的前沿趋势，致力于打造具有国际竞争力的先进制造业基地，并依托人工智能与网络安全领域的基础优势，加强在计算机深度学习、人机交互等关键技术的研发与产业化力度，同时引进智能软硬件，促进人工智能与实体经济的深度融合。此外，充分利用先进数字技术的发展优势，加速推进新型工业App、工业操作系统、工业防火墙等软件的发展，不断推动数字成果在现实工业领域的广泛应用。为进一步推动工业数字化转型，实施工业百项应用场景示范工程，依托工业数字化转型地图，规划并分散实施 100 个工业应用场景于44 个细分领域。通过"揭榜挂帅"机制，由工业数字化转型专门领导小组支持配套立项，并配套全过程制度、标准、运行、考核机制与"监管沙箱"创新，以彻底解决工业数字化转型中的关键技术攻关、创新平台与产业载体建设等难题。在工业百项应用场景示范工程的基础上，对可以在工业细分行业提供共性解决方案以及转型工具、平台、产品、技术等支撑的企业，探索成立工业数字化转型促进中心，打造黑龙江工业数字化方案、产品的孵化地。

3）精准绘制产业图谱，加快全国性业务中心落地。为了实现精准导航并促进数字化核心产业链的培育，研究并构建"一图谱多清单"体系，即一张详尽的产业图谱与多个关键领域的清单，涵盖产业链龙头、配套企业、优势领域、短板突破、技术攻关及区域布局等要素。基于"一链一策"策略，绘制涵盖产业链结构、技术发展路径、应用领域分布及区域布局的"四图"体系，以实现对产业生态的全面把握。由高层领导担任各产业链"链长"，负责统筹推进配套项目引进、企业梯度培育及资源要素保障工作，有效突破产业链中的瓶颈。同时，"链主"企业发挥核心引领作用，汇聚细分领域内的优质配套企业，促进大中小企业间的协同分工与高效合作。以链长制为抓手，加强新一代信息技术主导产业链短板弱项和断链环节识别，深化产业图谱研究，坚持招引培并举，有机组合招商政策服务包，实施多部门联合大招商，快速提升产业链生态竞争力。全面梳理全国数字化发展招引鼓励政策，集中省级财政激励资金。积极开展人才引进策略，对符合黑龙江省数字经济定位且符合高学历人才占比与研发经费投入占比标准的企业，制定相应的政策支持。积极引进全球及国内顶尖的信息技术服务企业，如全球 500 强、中国软件百强、电子信息百强及互联网百强等，以推动其全国性业务中心在哈尔滨的设立。营造有利于全国性业务中心落地的营商环境。

凭借哈大齐国家自主创新示范区的优势，培育数字核心产业的增长引擎。强化创新型基础设施支撑体系，助力自创区深化综合条件实验装置布局，并前瞻规划重大科技基础设施。促进自创区加快部署 5G 网络、超算中心、数据中心及智慧城市等信息技术与融合基础架构，以增强其对创新驱动发展的核心支撑效能。秉持增量优化原则，以园区为平台汇聚创新资源要素，避免数字经济园区无序扩张，将新一代信息技术优质项目，优先引入深哈产业园、中国云谷等高效集聚的数字经济园区，并依据入驻企业的地方经济贡献，给予投资方信息基础设施投资补贴。加速新一代信息技术产业在园区内的集聚效应，双轮驱动引进行业领军企业、培育本土优势企业，构建具备自主知识产权、龙头引领、顶尖研发平台与团队、完善产业链及上下游配套的数字核心产业集群。同时，激活既有资源，依托高校院所的科研与产业融合优势，系统规划"学府路—大直街—南通大街"沿线闲置资源再利用，实施转型集聚策略，强化技术创新与成果转化，优化顶层设计，注重系统规划、机制创新、产业升级与生态协同。利用高校创新生态与周边的产业园区，孵化人工智能相关企业集群。鼓励社会资本参与AI"双创"平台建设，跨区域合作建立离岸孵化器，树立哈尔滨AI双创新标杆。针对农业产业互联网发展，加速构建覆盖全省的农业产业互联网平台，围绕该平台培育电子元器件、设备制造及软件服务业。推行农业全产业链数字化集成模式，深化农业生产、加工、销售、服务、物流等环节的数字化转型，促进农业数据资源的高效流动与市场化配置，打造中国数字农业示范样板。全面推行"数字技术赋能农业生产""云数统管农业管理""电商驱动农业营销""互联网优化农业服务"等模式，实现农业全产业链的数字化在线管理。基于全产业链大数据，构建农业产业互联网平台及多类农业服务平台，集成农机共享、农产品B2B交易、农业综合服务等功能，提升农业生产效率与产业链价值。此外，建立农产品质量安全追溯体系，涵盖生产、加工、流通各环节信息，确保农产品优质优价。通过数字化手段，为农业生产提供精准监测、预警与远程控制服务，推动绿色农业与集约化生产。在数据层面打通农产品生产、监管、消费的全链条，实现农产品的全程可追溯，为消费者提供安全可靠的农产品信息，助力农业产业升级与可持续发展。

4）推进重大科技创新平台建设，探索新型举国体制科技创新龙江路径。围绕哈尔滨新一代人工智能国家级创新发展试验区建设，以哈尔滨城市智能体需求为导向，依托哈尔滨工业大学人工智能研究院，由黑龙江省人民政府牵头主办，采用"核心引领、多点支撑"的运营模式，深耕智能感知、人工智能、智能网络、智能计算及智能系统集成五大科研前沿，着重实施前沿基础研究、关键技术突破及核心系统创新，加速布局重大科技基础设施与科研平台，抢占智能计算领域的战略制高点，为智慧社会发展提供支撑。鼓励哈尔滨市成立"哈尔滨智能计算中心"与"哈尔滨 AI 生态创新中心"，构建多元化生态体系，进而打造算力服务、人才培养、创新孵化及生态聚合四大平台。其中，"哈尔滨智能计算中心"作为处理复杂模型训练与海量数据的算力基石，不仅可以支撑黑龙江省智能制造、智慧城市、智慧矿业、新能源等多领域创新发展的新型基础设施，更能推动 AI 科研、技术孵化、成果转化及应用的系统化平台。该中心投运后，将为省内外高校、科研机构及企业提供强大的算力支持，突破算力瓶颈，激发人工智能领域的创新活力，为城市发展注入强劲科技动能。同时，构建"哈尔滨 AI 生态创新中心"，汇聚算法研发、数据处理、行业集成等产业链上下游企业，形成"政产学研用"深度融合的创新生态，打造国家级人工智能与数字经济高地。支持华为昇腾人工智能生态创新中心对外赋能，提供全栈式 AI 基础平台及生态服务，并出台配套的优惠政策，吸引并招募人工智能领域相关企业入驻园区，从而推动人工智能产业集约集聚发展。政府层面可以积极发布 AI 应用场景项目清单，鼓励高校、科研院所开展竞争性与先导性应用研发，促进科技成果商业化，形成示范效应，带动产业智能化转型。依托哈尔滨丰富的教育资源，推动哈尔滨工业大学等高校与行业龙头合作，共建 AI 重点实验室与研究院，加速技术研发与成果转化，培养高端人才。

5）培育黑龙江特色场景，打造创新应用标杆。发挥哈尔滨在科教资源、产业特色及国际合作上的独特优势，深化人工智能基础理论与核心技术的研究与开发，建立新型研发基地，实施示范应用项目，扶持行业领军企业崛起，强化特色应用场景的引领作用，特别是在智慧农业、智能制造等哈尔滨特色领域及寒地环境下，树立创新应用标杆，探索智能经济新范式。同时，专注于核心技术领域，培育具有全国影响力的网络安全领军企业，促进工控安全领域产业集聚。加速工业互联网、5G、车联网、智慧城市等领域的网络安全解决方案部署。构建面向网络及工控安全的综合服务体系，包括解决方案供应与产品服务，加快专用安全设备的研发与制造。围绕工业互联网安全态势感知平台等重大项目，将哈尔滨打造为信息安全研发、制造与成果转化的高地。此外，稳步推进寒地测试、智能供暖、生态环保、政务服务、医疗健康等领域主题数据库建设，挖掘跨主体数据价值，促进市场数据的高效流动。建立寒区智能交通综合测试基地，依托高寒城市智能公交系统，研发提升寒区交通设施耐久性与安全性的关键技术，弥补我国寒区智能交通技术短板，并推动适应寒区环境的新能源电池技术创新。同时，积极促进互联网内容生态建设，弘扬网络正能量，鼓励电信、广电、内容提供商等相互合作，丰富4K/8K、VR/AR 等新型多媒体教育资源、传媒内容及娱乐产品，形成涵盖图文、音频、视频等多元形式的网络内容生态，涵盖网络新闻、文学、音乐、视频、直播等多个垂直领域。

4.3.2　夯实软件基础

4.3.2.1　信息安全软件

健全信息安全软件的开发和利用，有效解决随着互联网、大数据的不断发展随之带来的数据泄露、信息系统被攻击、网络钓鱼、电信诈骗等问题，保证计算机系统和数据的安全。一方面，要重视信息安全的标准化工作，例如，基于算法类标准、安全认证与授权标准、安全数据库、可信计算机等方面，推进信息安全软件的研究和标准制定；另一方面，信息技术和产品对外依赖高是黑龙江及我国面临的主要网络安全问题，对此，既要对引进的软件进行必要的技术改造，也要加强自主研发技术的创新能力，培养有潜力的研发人员，采用先进技术不断升级和完善终端设备的应用，完善 TCP 的访问控制、基于 TCP 的安全操作系统、TCP 的安全应用等技术，并配备高效的管理模式，开发并建立可追踪的、可信的信息安全系统，让终端应用能更有效地追踪溯源，保障信息安全、维护用户权益，为数字生产中大数据安全可靠的发展提供保障环境。

4.3.2.2　嵌入式软件

推动装备制造商、软件企业、高校、科研院所、用户企业加强协同，开展嵌入式操作系统、嵌入式数据库、系统与网络安全等核心技术攻关，推动嵌入式软件向高可靠、自适应、高安全方向发展。致力于深度研发嵌入式软件集成开发环境与测试环境。聚焦于数控机床、工业机器人、卫星通信装置等智能装备，以及新能源智能网联汽车、可穿戴式医疗设备等前沿技术设备的迫切需求，致力于嵌入式操作系统、工业级嵌入式控制软件及系统集成创新方案的深度研发。为推动传统制造业的数字化转型与智能化升级，积极倡导并扶持企业运用嵌入式软件技术赋能智能产品的开发，加速其智能化转型步伐。同时，强调产业集聚效应与辐射能力的增强，鼓励具备条件的地区培育具有地域特色的软件产业集群，构建以双核心为引擎、多层次协同共进的新型产业生态体系。在信息安全领域，进一步加速信息安全产业的培育与发展，聚焦人工智能、工业互联网及车联网等核心安全板块，持续优化产业链条的完整性与安全性。此外，促进信息服务业新兴模式的孵化，构建一个深度融合日常生活与生产实践、特色鲜明、广泛覆盖、平台化运作的软件与信息服务产业架构，以促进产业结构的持续优化与升级。

4.3.2.3 基础软件

依托软件领域科教优势，推进应用数学等基础学科的跨国合作，加强专业化协作和联合攻关，充分整合基础研发、专业人才、特色企业等相关资源，鼓励面向移动终端、云计算、物联网、车载系统、智能制造等领域的操作系统和配套工具的研发应用，重点突破数据库、办公软件、安全软件、中间件、开发环境和工具类基础软件，加快软件集成、适配和迭代优化，引导推进大规模应用验证。加速推进分布式数据库、云原生数据库、混合事务分析处理数据库等产品的研发和应用推广。

4.3.2.4 应用软件

针对物流、建筑、能源、交通、商贸、金融、医疗等核心行业的应用需求，加速推进金融核心服务系统、建筑信息模型与防火仿真、智能能源管控、交通管理智能化、电子商务解决方案、智慧物流平台，以及医疗健康信息化等应用软件的研发与应用。同时，聚焦于5G基站部署与大数据中心建设等新型基础设施的兴起，致力于新一代软件融合应用基础设施的开发与普及。在北斗卫星导航系统领域，加大相关软件产品的研发与推广力度。鼓励行业领军企业携手软件技术企业，共同探索并开发定制软件产品，促进技术与市场的深度融合。此外，推动大型软件企业与互联网企业依托其资源集聚与生态构建的协同优势，构建软件平台，协同共建软件产业生态，培育出一批在国内技术领先、市场占有率高的标杆性软件企业。积极倡导并推动大型企业将其软件业务剥离，通过市场化机制组建独立的软件公司，支持这些公司在海外设立运营机构、研发中心及服务体系，以增强其整合全球创新资源的能力，并提升其在国际市场上的竞争力与影响力，进一步开拓国际市场。

4.3.2.5 新兴平台软件

鼓励企业构建高性能云平台，加快超大规模分布式存储、弹性计算、虚拟隔离、异构资源调度、云边协同等技术和产品研发。推动建设人工智能应用创新支撑平台，支持人工智能算法库研发、工具集开发、试验验证和应用推广等。培育大规模融合化的区块链应用场景，重点围绕产品溯源、供应链管理、工业检测、电子商务、政务服务等领域，打造区块链创新应用。建设位置服务数据中心，增强空天地一体化遥感数据服务，开展北斗卫星应用创新。支持小程序、快应用等新型轻量化平台发展。

4.3.2.6 工业软件

发挥黑龙江省以"哈工大"为核心的科技优势，集中发展计算机辅助研发、制造和仿真软件，推动特色工业控制软件的研发和产业化。充分利用现有工业制造基础优势，面向航空、航天、船舶等关键行业，集中研发突破一批行业特色工业软件；针对装备制造、石油化工及汽车制造等关键产业领域，推动行业通用型工业软件的研发与应用，强化这些软件在行业中的实践验证与示范引领作用，促进其广泛应用与普及。同时，聚焦于中小型工业企业的特定需求，积极开发平台化工业软件解决方案，为广大中小企业提供数字化转型的普惠性支持，助力其实现数字化升级与转型发展的目标。通过精准对接不同规模企业的实际需求，构建全面、高效的工业软件生态体系，推动整个工业领域的智能化与现代化进程。

4.4 完善数字劳动对象建设

4.4.1 优化数据制度与供给

4.4.1.1 构建"三权分治"数据权责机制

建立健全政务数据共享协调机制，实现政务数据统一归口管理，形成各级各部门职责明晰、分工有序、协调有力的全市一体化全新政务大数据管理格局。按照统一集中和分工协作的原则，界定每一个政府部门的数据权责，并将其纳入"三定"方案中，构建基于"三权分治"的跨部门数据共享模式，强化数据归属方、集中管理方与数据使用方的数据权责。在政务数据的跨部门共享过程中，数据的提供部门或归属部门享有对该数据的存储和掌握的权力，拥有对本部门数据内容进行定义和解释的权力，同时具有对这些数据的支配权和使用权。对本部门政务数据承担收集、整理、维护、更新等工作责任，对数据资源的内容和质量负责。在使用其他部门政务数据，进行跨部门政务数据共享的过程中，各部门需基于业务部门的实际需求，秉持最低使用限度申请使用原则，明确数据使用的具体方式与范围，在规定的范围内使用，以确保在合规框架内有效利用其他部门的政务数据资源。关于数据共享管理的权责划分问题，明确由数据管理局承担，并负责关于政务数据的共享可行性与共享方式的制定，确保数据流通既高效又合规。

4.4.1.2 探索首席数据官制度

在数字经济发展工作领导小组的统一领导下，开展首席数据官制度试点工作。为提高数据治理的效率，引入首席数据官（CDO）角色，并清晰界定其职责范畴与评估体系。通过构建首席数据官的工作机制，进一步强化政府部门在数据管理上的职责，确立专门的管理架构与联络渠道，负责统筹部门数据目录的编制，数据的汇聚、共享、开放、应用、安全保障、存储及归档等全链条工作，构建一个促进数据开放与共享的高效运作体系。在此基础上，各试点市县政府及试点部门可以分别设立相应层级的首席数据官，原则上由负责数字政府改革与建设工作的行政副职及以上领导兼任此职，以确保数据治理工作的权威性与执行力。各级政务服务与数据管理部门应充分发挥主导作用，协调推动相关工作的顺利实施与持续优化。

4.4.1.3 优化公共数据供给

面向全社会、各行业提供线上线下融合的公共数据服务，并逐步将公共数据融入公共服务框架之中。加速推进农业、健康、医疗、交通测试等领域的公共数据资产化进程，通过数据开放、授权应用等方式，打造一批产品化、产业化、服务化典型数据应用，形成一批服务于场景需求的高质量、高价值的数据资源与数据产品，赋能产业数字化转型。积极鼓励数据部门在行政服务中心设立数据服务窗口，面向全社会提供新的数据开放咨询申请渠道，探索金融、信用等"公共数据专区"的设立，加强公共数据在社会领域的应用。例如，可以举办"黑龙江开放数据应用创新大赛"，激发公共数据开发利用的活力，构建一个集数据开放、利用实践、问题反馈与质量优化于一体的完整应用生态体系。

4.4.2 推进数据一体化

4.4.2.1 数据目录一体化

为优化数据资源管理，需深化数据目录系统的完善工作，全面查清数据资源存量，构建贯通省、市、县三级的一体化数据目录体系，形成全省政务数据的统一视图，即"政务数据总账"，从而为跨层级、跨地域、跨系统、跨部门、跨业务的数据流通与共享应用奠定基础。数据管理机构负责数据目录的整体规划与管理，而各级各部门的首席数据官则需承担本地区本部门数据目录的审核与汇总职责。同时，各单位遵循"三定"原则，各级各部门需细致梳理其权责清单与核心业务，确保在履职过程中产生、收集及管理的数据得到全面、详尽的编目处理。在编制政务数据目录时，遵守省级制定的数据目录代码规则、资源编码规范及数据标准，通过这一系列规范化操作，实现政务数据目录的清单式管理，便于各级各部门对政务数据资源进行高效的注册、检索、定位及申请操作。此外，为确保数据目录的时效性与准确性，各级各部门在调整政务数据目录时，需同步在省市政务大数据平台上进行实时更新，以加强目录的同步管理能力，促进数据资源的动态优化与高效利用。

4.4.2.2 数据资源一体化

为构建高效的政务大数据生态，应致力于建设综合性的政务大数据资源中心。该中心基于详尽的政务数据目录体系，可以推动数据资源实现精准归集与全面覆盖，即"按需归集、应归尽归"。一方面，采用逻辑融合与物理集中的双轨策略，既可实现市级统筹、跨部门合作及各级独立构建数据资源库的全面逻辑接入，保障数据在逻辑层面的有效整合，又能通过物理方式在汇集了人口、法人、自然资源等基础数据库中构建医疗健康、社会治理等专题数据库；另一方面，依托先进的政务数据平台，统筹协调区域内外政务数据的归集与整合，实现省、市、县三级数据的无缝对接与融合。同时，构建安全的数据交换通道，确保政务内网与外网间数据的双向安全流通，并灵活接入党委、人大、政协等多领域机构及公共服务单位的数据资源，以及第三方平台和社会面的广泛数据。为强化数据治理能力，需进一步加速构建覆盖数据全生命周期的综合管理系统，明确治理规则，实施规范化治理，以支撑基础库（如人口、法人、自然资源等）与特色主题库（如医疗健康、交通出行、政务服务等）的完善与高效管理，促进数据资源的自主管理与充分授权。

4.4.2.3 数据管理一体化

遵循省级政务数据服务总门户的管理框架与标准，规划并推进政务数据服务门户的一体化建设。通过拓宽数据公开范畴，提升数据质量，增强数据透明度，整合目录管理、供需匹配、资源管理、共享开放、分析处理等多功能模块，为各级各部门提供一站式的数据服务解决方案，这包括数据目录编制、资源汇聚、申请审批、权限授予、资源共享、统计分析、可视化呈现及运营维护等全方位服务。通过实现省市政务数据"一本账"展示、"一站式"

申请、"一平台"调度，可以促进跨地区、跨部门、跨层级的数据互通与共享。此外，创新数据发布与解读方式，运用图表、动态图形、动画、漫画、视频等多媒体手段，提升数据传播效率与质量，推动数据资源的高效配置与优质供给，为政府决策与社会治理提供有效的数据支撑。

5 挖掘与培育数字生产力的对策之二

——改善数字生产关系

数字生产力的进步与其对应生产关系互为动态影响，这种影响表现为一种双向且复杂的互动机制。具体而言，当数字生产关系能够契合数字生产力的本质特征及其发展趋势时，它将积极促进生产力的飞跃，转化为推动数字生产力高效发展的有力工具；反之，若生产关系与数字生产力的性质及成长需求相脱节，则可能成为生产力发展的桎梏，不仅限制其增长，甚至可能引发倒退或破坏。这一相互作用的动态过程，本质上构成了数字生产方式内部矛盾演进的基础。此矛盾运动的核心，始终遵循着一条根本规律：数字生产关系必须持续调整以适应数字生产力的实际状况，确保数字经济的健康、稳定与持续发展。

5.1 牵住黑龙江省数字生产关系的"牛鼻子"

数字生产力的发展要求数字生产关系与之相适应，主要体现在数据生产、分配、交换和消费关系的重构，以适应数字生产力的指数增长。生产资料所有制是生产关系的核心，由于数字技术与数据要素占有的社会化，使得数字生产资料社会主义公有制趋势愈加明显，数字生产资料属于全体劳动者或部分劳动者共同所有、共同支配的一种所有制形式。但由于数据产权界定不清，导致数据生产关系、分配关系、交换关系与消费关系的混乱，可以说数据社会再生产关系的混乱，直接制约了数字生产力的发展。数据作为新时代的核心生产要素，是数字化、网络化与智能化转型的基础，正以前所未有的速度渗透到生产、分配、流通、消费以及社会服务管理等全链条中，对生产方式、生活形态及社会治理模式产生了深远影响。构建坚实的数据基础制度体系，是国家发展战略与安全保障的关键一环。应通过合理机制降低市场参与者获取数据的成本，促进数据资源的广泛共享与普惠利用，激发创新活力，构建一套法律框架健全、多元主体协同、利益共享、红利普惠的发展生态。此外，为了进一步增强数据的可用性、信任度、流通效率及追溯能力，需构建起可靠的数据流通信任体系。这一过程强调对数据流通全链条实施动态监控与管理，确保在合法合规的前提下，充分释放数据的潜在价值。《中共中央 国务院关于构建数据基础制度更好发挥数据要素作用的意见》强调，采用"揭榜挂帅"方式，支持有条件的部门、行业加快突破数据可信流通、安全治理等关键技术，建立创新容错机制，探索完善数据要素产权、定价、流通、交易、使用、分配、治理、安全的政策标准和体制机制，更好发挥数据要素的积极作用。通过不断完善数据要素市场的体制机制，在实践中迭代优化，在探索中稳步前行，加快推进与数字生产力相契合的新型生产关系之形成。由此可见，推动黑龙江省数据流通与交易市场的健康发展，正是优化该地区数据生产关系的核心抓手与关键所在。

优化数字生产关系是牵一发而动全身的，因此必须牵住优化数字生产的"牛鼻子"。从全球经验看，数据流通交易是优化数字生产关系的核心。数据流通交易会使得市场主体通过数据要素供给增加收益，势必会增加市场主体扩大数据要素有效供给。数据流通交易必然要求数据要素登记，鼓励数据流通交易市场主体通过数据流通交易服务机构对数据要素以及在流通交易活动中的数据资源持有、数据加工使用、数据产品经营等权益进行登记和记录，一劳永逸地解决数据要素产权界定问题以及数据生产关系、分配关系、交换关系与消费关系的混乱问题。数据交易过程实质上是数据要素收益的再分配过程，通过强化市场评价机制对数据贡献的评价，并据此确立报酬分配机制，奠定数据要素依据贡献参与分配的基础。这一过程不仅拓宽了数据要素市场化配置的广度与深度，还开辟了基于价值贡献的多元分配路径，完善了数据收益再分配的调节机制，从而彰显了市场在数据资源配置中的核心地位，这既是构筑全国统一大市场、深化社会主义市场经济体制改革的必然要求，也是保护数据资源资产权益的关键所在。因此，建立健全并持续优化数据要素按贡献参与分配的体制机制，是构建全面、稳固的数据基础制度体系的至关重要的核心环节，对于推动数字经济健康发展、促进社会经济全面转型升级具有重大战略意义。数据流通交易会激活数据潜能，规范数据流通交易行为，进而增加数据要素消费，"千行百业"会以数据要素应用场景为指引，通过多场景应用、多主体复用，创造多样化的价值增量，在多次使用中不断提升数据质量，突破传统资源要素约束条件下的产出极限，拓展经济增长新空间。通过多元数据融合，以量变引发质变，创造新的信息和知识，催生新业态新模式，培育经济发展新动能。

5.2 黑龙江省数据流通交易实现路径

黑龙江省数据流通交易实现路径如图 5-1 所示。

5.2.1 黑龙江省数据流通交易流程实现

在国家数据分类分级保护体系的框架下，推动数据资源的精细化分类与分级确权授权，加速数据的市场化流通与交易进程，强化数据要素权益保护制度的全面性，逐步构建一套契合中国国情的数据产权制度体系。此过程包括深入探索数据产权的结构性分置模式，明确公共数据、企业数据及个人数据的分类分级确权授权规范，依据数据的原始来源及生成特性，精细界定数据生产、流通、消费环节中各利益相关方的合法权益，进一步构建数据资源

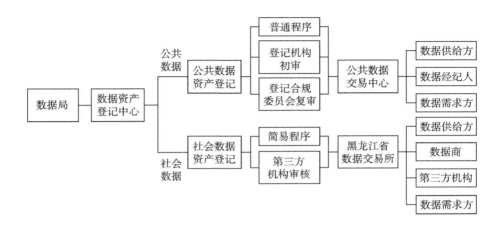

图 5-1　数据流通交易流程

持有权、数据加工使用权及数据产品经营权等多元分置的产权运行机制，鼓励非公共数据领域探索"共同使用、共享收益"的市场化新模式，以此为数据要素的价值创造与实现奠定坚实的制度基础。同时，积极研究并推广数据产权登记的新方法与新路径，在保障安全的前提下，鼓励数据处理者依法合规地对原始数据进行深度开发与利用，促进数据使用价值的最大化与充分流通。针对原始数据的流转交易，需秉持审慎态度，强调在交易前必须严格遵循数据分类分级管理规范，明确数据产品的登记标准，全面保护数据采集者与处理者的合法权益，确保数据交易活动的合法、合规与有序进行。

黑龙江省数据局作为省数据流通交易主管部门，负责统筹数据要素市场化配置改革，牵头负责全省数据要素市场体系建设和管理工作；统筹全省公共数据资源管理，组织推进公共数据资源汇聚、共享、开放和开发利用；统筹本省行政区域内数据流通交易监督管理工作；组织制定数据流通交易相关规章、规则，会同标准化行政主管部门制定数据流通交易相关标准和技术规范；组织开展数据资产合规性审核和登记工作；建立进场交易清单、禁止交易清单管理机制；组织开展本省数据经纪人遴选与认定工作。

黑龙江省数据局牵头建设黑龙江省数据资产登记中心与数据资产登记平台，建立数据资产合规性审核和登记制度，规范数据资产登记活动，保护数据要素权益。依据数据资产合规性审查和登记制度，黑龙江省数据局根据工作需要，可授权政府有关部门或者其他机构开展数据资产登记工作。其中，省公共数据运营管理机构根据授权重点开展公共数据产品和服务的资产登记；数据交易所根据授权重点开展社会数据产品和服务的资产登记。

1）公共数据资产登记。公共数据登记需要通过普通程序，包括申请、初审、复审、公示、凭证发放等流程。对涉及公共数据的，涉及重要数据的，涉及国家与公共安全、商业秘密、个人信息和隐私的，涉及关键信息基础设施的，涉及数据跨境活动的，在黑龙江省数据资产登记中心与数据资产登记平台的支撑下，省公共数据运营管理部门负责开展公共数据产品和服务的登记，省公共数据运营管理部门收到登记主体提交的全部材料后，应当开展下列登记初审工作，并出具初审意见。初审通过的，由省公共数据运营管理部门提请黑龙江省数据资产登记合规委员会召开合规审核会议，进行复审，并出具合规性审核意见。复审通过的，登记机构应当结合合规性审核意见作出是否同意登记意见。

2）社会数据资产登记。社会数据登记需要通过简易程序，包括申请、审核、公示、凭证发放等流程。除规定外，公共数据、社会数据产品和服务的资产登记可以实行简易程序。在黑龙江省数据资产登记中心与数据资产登记平台的支撑下，黑龙江省数据交易所负责开展社会数据产品和服务的登记，数据交易所收到登记主体提交的全部材料后，开展合规性审核工作，并出具合规性审核意见。审核通过的，数据交易所应当通过资产登记平台向社会公开有关信息。

3）公共数据交易中心。公共数据资源登记确权后，通过公共数据交易中心交易。借助数字政府政务大数据体系及其政务大数据中心平台，实现公共数据资源的汇聚、管理，持续丰富公共数据资源目录，推进公共数据的共享、开放和开发利用，在此基础上建立公共数据交易中心专区，开展公共数据交易活动。公共数据交易中心应基于数据资产凭证系统、区块链系统、电子证照系统等数字政府公共支撑能力，提供安全可控的交付链路。公共数据交易中心数据交易流程包括主体登记、标的审核、挂牌申请、交易磋商、交易实施、交易结算、交易备案、交易评价和交易纠纷处理等环节。具体公共数据交易撮合由数据经纪人负责，数据经纪人是指经黑龙江省数据局认定的，利用行业整合能力，通过开放、共享、增值服务、撮合等多种方式整合利用有关数据，促进行业数据与公共数据融合流通的中介服务机构。数据经纪人依法优先获得公共数据开发使用权益及相应产品经营权益。利用公共数据资源开发形成数据产品和服务的，应当得到政务服务数据管理部门确认的授权，并坚持公益原则，公平对待各类数据应用需求。数据经纪人应利用自身数据及技术优势，建设本行业数据空间，明确数据空间的运营规则，以开放、共享、增值服务、撮合等多种方式对数据分析发掘和增值利用。数据经纪人承担数据安全主体责任，应当建立健全风险管理及内部控制、信息留存、信息报送和信息披露等制度，采取必要技术措施确保数据处于有效保护和合法利用的状态。

4）黑龙江省数据交易所。社会数据资源登记确权后，通过数据交易所交易。数据交易所应当明确公共属性、强化公益定位，突出数据交易基础服务功能，为数据交易提供集约高效的场所和基础设施。数据交易所应当制定数据交易规则，明确数据交易主体、交易标的、交易场所、交易活动、交易安全、交易行为管理、交易异常处理、交易纠纷处理及交易结算等内容，并报黑龙江省数据局同意。数据交易平台应该致力于营造公平交易环境，构建包含信息存档、报告提交及公开披露在内的全方位制度框架，确保交易动态、重大事件等信息的即时透明化，建立实行周期性的风险警示机制。数据管理局及其关联监管部门，应针对数据流通交易的实际需求，积极培育数据交易商与第三方专业服务机构，强化数据产业的规模与实力。数据交易商作为重要的市场参与者，主要任务是从多元合法渠道收集或维护数据，通过整合、精炼、深度分析等手段将数据转化为可交易资产，并向买方提供销售或许可使用权。同时，数据交易商也承担着交易双方搭建桥梁的职责，包括发布交易标的、承销服务等，以促成交易的顺利达成，且所有业务均需在法律框架内合规运营。此外，第三方服务机构在数据交易过程中发挥着重要作用，保障数据交易活动的顺畅进行，提供数据资产化解决方案、安全与质量评估、专业培训与咨询等多元化服务，为数据交易市场的健康发展贡献力量。

5.2.2 黑龙江省数据流通交易技术实现

由于数据要素的独特属性，数据流通交易显著区别于传统劳动力、资本、土地等要素的交易流通，由于数据要素的虚拟性特点，数据流通交易更多依赖新一代信息技术集中应用得以实现，实现过程可以参考图5-2。

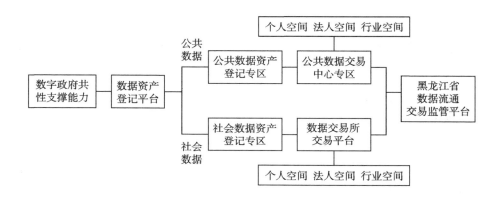

图 5-2　数据流通交易技术实现图

1）数字政府共性支撑能力。基于数字政府公共支撑能力建立数据要素市场化基础设施体系，为数据流通交易提供基础技术保障。夯实数据要素市场化基础支撑能力。在数字政府政务云、政务网、粤基座平台、一网共享平台（省政务大数据中心）、个人及法人数字空间、数据资产凭证系统、区块链系统、电子证照系统等公共支撑能力的基础上，连通数据交易所、数据经纪人等社会侧的云网基础设施，开展资源整合和优化升级，避免基础设施重复建设，实现绿色发展；完善数据流通交易全业务流程支撑体系。依托数字政府公共支撑能力，建设数据资产登记平台（以下简称"登记平台"）、数据交易平台和数据流通交易监管平台（以下简称"监管平台"），鼓励探索行业数据空间，提供数据汇聚治理、加工开发、登记评估、交易结算、交付使用、全流程监管等数据流通交易业务支撑能力；充分发挥基础设施枢纽节点核心作用。建立综合性数据业务网络体系，促进公共数据管理运营单位、数据交易平台、数据中介、数据供应商以及第三方专业服务实体等多方数据流通参与者的接入，通过系统间的深度互联与持续拓展，打造覆盖广泛的数据流通生态网络。同时，不断完善数据安全存储机制和新型数据基础设施，加强基础设施作为核心枢纽节点的建设，提高使用能效，增强数据流通交易过程中的安全保障能力。依托粤基座平台构建事前风险发现、事中安全防护、事后安全追溯的纵深安全防护能力，为数据流通交易提供基础安全保障；按照国家有关法律法规要求，依托粤基座平台提供用户身份安全认证能力和服务，数据交易相关平台根据自身业务需求在线获取不同可信身份实名等级的用户身份信息，并保障用户身份信息安全；依托省电子印章平台的服务能力，完善和创新服务方式，为数据流通交易各参与方提供电子签名签章服务；采用多种安全技术手段实践"数据可用不可见，使用可控可计量"的新型数据流通交易范式，实现数据流通交易全程留痕、安全可控；对数据流通交易的全流程记录进行电子数据保全存证，联合权威公证机构，保障数据安全且司法有效。

2）数据资产登记平台。数据资产合规登记程序分为普通程序和简易程序。普通程序包括登记申请、登记初审、登记复审、登记公示、凭证发放（登簿）五个环节；简易程序包括登记申请、登记审查、登记公示、凭证发放（登簿）四个环节。登记平台应依托粤基座平台统一身份认证能力，对注册用户的身份进行认证、鉴权，并需具备用户权限管理功能。登记平台应支持对数据资产登记业务流程的配置、查看、修改等操作。登记平台应支持登记主体录入数据资产登记申请信息，并上传相关证明文件。登记平台应提供公示（公开）登记结果的功能，支持编辑公示（公开）内容、配置公示（公开）模板、设置公示（公开）时长等操作。登记平台应提供异议处理功能，支持自然人、法人和非法人组织在规定时间内对公示信息发起异议，并支持异议各方进行线上沟通。登记平台应依托数据资产凭证系统，提供数据资产登记凭证的签发、查询等功能。登记平台应支持登记主体注销登记，并支持登记机构撤销登记。登记平台应采用数据加密、数据脱敏等措施，对登记主体录入的敏感信息进行处理。登记平台应针对面向外部开放的数据接口，提供接口认证鉴权与安全监控。登记平台应建立数据存储备份管理及恢复机制，并具备相应技术措施。

借助数据资产登记中心平台，设立公共数据资产登记中心专区，公共数据登记履行普通程序，普通程序包括登记申请、登记初审、登记复审、登记公示、凭证发放（登簿）五个环节。公共数据产品和服务在登记平台进行资产登记前，所涉及的公共数据资源应通过政务数据资源中心编目。对于未编目的公共数据资源，登记平台应提供告警功能。借助数据资产登记中心平台，设立社会数据资产登记中心专区，社会数据登记履行简易程序，简易程序包括登记申请、登记审查、登记公示、凭证发放（登簿）四个环节。

3）公共数据交易中心专区。公共数据交易中心专区应借助政务数据资源新平台实现公共数据资源的汇聚、管理，持续丰富公共数据资源目录，推进公共数据的共享、开放和开发利用。省公共数据运营管理部门原则上应依托数字政府安全统一的数据融合加工环境，建立公共数据社会化专区，开展数据治理及整合加工。省公共数据运营管理部门应制定安全管理规范，开展数据安全评测和审计，利用技术手段保护数据安全及个人隐私。数据交易流程包括主体登记、标的审核、挂牌申请、交易磋商、交易实施、交易结算、交易备案、交易评价和交易纠纷处理等环节。交易标的挂牌前应通过相应的评估，数据交易平台应对评估结果进行审核和记录。

4）数据交易所交易平台。数据交易流程包括主体登记、标的审核、挂牌申请、交易磋商、交易实施、交易结算、交易备案、交易评价和交易纠纷处理等环节。交易标的挂牌前应通过相应的评估，数据交易平台应对评估结果进行审核和记录。数据交易平台应为挂牌的交易标的提供多种展示方式，以便浏览和检索。数据交易平台应为交易需求方提供检索、样本试用等功能，以及需求发布页面。数据交易平台应提供在线磋商功能，以便支持多方相互协商。数据交易平台应支持交易合约的创建、上传、编辑、确认等功能。数据交易平台提供可信数据融合加工处理环境、隐私计算等安全技术服务。数据交易平台应基于数据资产凭证系统、区块链系统、电子证照系统等数字政府公共支撑能力，提供安全可控的交付链路。交付过程应严格按照交易合约内容执行，超过合约内容的授权范围时应及时中止执行，并对执行情况及结果进行存证。数据交易平台应提供可靠的验收环境，并对验收过程及结果进行记录留存。数据交易平台应具备对接银行或第三方支付机构的能力，为数据交易提供开户、支付结算等金融服务，并提供担保和资金监管服务以保证买卖双方权益和在途资金安全。使用数据交易平台进行交付的，应在交易完成后及时清除交易标的相关数据（除存证记录外）。数据交易平台应提供在线申诉、协商、调解等功能，支持证据提取及导入、仲裁判决结果录入、争议处理进度查询，提供电子化争议处理单证，辅助争议各方落实处理结果。数据交易平台应具备在争议处理期间冻结履约保证金、暂停交易涉及的数据交易活动的能力，并提供交易黑名单管理功能，便于监管部门对违法违约交易行为进行监管。数据交易平台应依托数据资产凭证系统，对数据交易全流程进行存证记录。

5）数据流通交易监管平台。监管平台应纳入一网统管体系，对数据流通交易中的全业务流程进行监管。监管内容按先后顺序分为事前监管、事中监管和事后监管，并由全业务存证链条支撑。监管平台应与登记平台、数据交易平台、行业数据空间等对接，实现集中统一监管。监管平台应能核验流通交易各参与主体的身份、资质等材料。监管平台应对数据资产登记的记录进行定期抽检。监管平台应对数据交易全业务流程进行监管。监管平台应建立数据交易全业务流程的存证链条，包括但不限于资质审核、资产登记、交易需求、交易合约、加工过程记录、交付结果、争议处理情况等，并提供存证链查询和调用方式。依托数据资产凭证系统，保证存证链条中记录信息的不可篡改和可追溯。监管平台应为各监管部门提供权限管理和可视化界面，实现对数据交易安全风险的感知、分析和预警。监管平台应保障监管信息在收集、传输、处理和使用等环节中的安全。对于涉及数据流通交易主体的敏感信息，使用必要的安全技术防止信息泄露。监管平台应提供监管信息对外的标准接口，并利用摘要算法、数字签名等技术，保证监管信息的真实性、完整性。

6）数据空间。登记平台、交易平台、监管平台主要服务于市场主体数据流通交易，为个人、法人和其他主体提供数据流通交易服务，相应就产生了个人、法人、行业数字空间。数据空间主要指市场主体用于数据交易流通的虚拟隔离形成的区域，是交易主体用于确保交易的操作、存储空间等。

个人数字空间。个人数字空间应构建安全、可信的数据主体授权用数模式，支持数据主体将数据授权给交易需求方使用。个人数字空间作为数据主体授权用户及数据产品和服务交付的重要载体，交易供方和交易需方的系统应与其进行对接，确保数据授权后可安全交付。个人数字空间应对接数据交易平台，向其提供授权用数记录、数据产品和服务交付记录等信息。

法人数字空间。法人数字空间应构建安全、可信的数据主体授权用数模式，支持数据主体将数据授权给交易需求方使用。法人数字空间作为数据主体授权用户及数据产品和服务交付的重要载体，交易供方和交易需方的系统应与其进行对接，确保数据授权后可以安全交付。法人数字空间应对接数据交易平台，向其提供授权用数记录、数据产品和服务交付记录等信息。

行业数字空间。行业数据空间是行业领域内数据开放共享和可信流通的基础设施，服务能源、电信、金融等各行业领域的数据要素流通。行业数据空间应依托数字政府业务中台统一身份认证能力对参与主体进行认证、鉴权。行业数据空间应对参与主体的接入进行审核，并提供灵活的数据接入方式。行业数据空间可使用多方安全计算等技术对流通过程中的高价值、高敏感数据进行处理。行业数据空间可提供电子化、可执行的合约功能，依据数据授权对数据的流通和使用进行严格控制，保障参与主体的合法权益。行业数据空间可依托区块链技术，提供数据流通全流程的存证功能，保障数据流通过程可回溯、可审计。鼓励各行业数据空间互联互通，实现数据跨空间流通。通过与数据交易平台对接，实现行业数据产品和服务安全可控。

5.3　黑龙江省数据流通交易鼓励政策

5.3.1　夯实制度基础

5.3.1.1　加快出台相关办法与规则体系

根据国家《中华人民共和国网络安全法》《中华人民共和国数据安全法》《中华人民共和国个人信息保护法》《黑龙江省数字经济促进条例》及有关法律法规，充分借鉴贵州、广东、北京、深圳等省市先试先行探索，结合黑龙江省实际，加快出台黑龙江省数据流通交易管理办法、数据资产合规登记规则、数据流通交易监管规则、数据经纪人管理规则、数据流通交易技术安全规范、数据商和数据流通交易第三方服务机构管理规则等方面的法律法规，为黑龙江省数据流通与交易活动建立全面的框架与指导原则，增强操作的有序性与规范性。黑龙江省在谋求发展的同时，高度重视安全因素，致力于打造一个稳固的数据安全保障网络，贯穿于数据的供给、流通，以及应用的每个环节，明确监管的边界和红线，注重优化数据管理生态，强化对数据的精细化分类与分级管理，实现精准监管与灵活市场的有机结合。确保关键领域的严格管控与适宜领域的适度放开，有效预防并处理各类数据风险，实现政府监管与市场自律协同发展，法治保障与行业自治相辅相成，国内治理与国际合作深度融合，共同塑造出一个高效、安全、协同的数据流通交易新格局。

创新政府数据治理机制。深化政府引导与规范职能，严守安全底线，构建一个安全、高效、公平、开放、创新的数据市场生态。强化各领域精准监管与跨领域协同治理，构建数据协同管理机制，完善创新激励与容错体系。实施数据全生命周期管理，涵盖合规认证、安全评估、算法审核及风险预警等机制，引导各方切实承担数据安全流通的责任与义务。完善数据流通监管框架，制定详尽的数据交易负面清单，界定禁止或严格限定的交易范畴。加大反垄断和反不正当竞争力度，严厉打击垄断协议、市场支配地位滥用及非法集中行为，促进市场公平竞争与秩序规范。在网络安全等级保护基础上，全面升级数据安全防护策略，构建全面而强大的网络数据安全防护网，提升防御层次与综合应对能力。

秉持"宽准入、严监管"的核心理念，牢固树立企业的责任意识和自律意识。积极倡导企业参与数据要素市场构建，围绕数据源头追溯、产权界定、质量保障及合规使用等核心环节，建立针对数据交易商及第三方专业服务机构的数据流通与交易声明承诺体系。确保各项法律条款在数据全生命周期——采集整合、加工转换、流通交易、共享应用等阶段得到严格执行，引导企业依法依规承担应尽职责。企业须严格遵循反垄断法等相关法律法规，禁止利用数据资源、先进算法及技术手段进行市场排挤、限制竞争或从事不正当竞争行为。在参与政府信息化建设的进程中，企业应规范化管理政务数据的安全可控，促进数据有序。同时，应进一步完善数据要素登记与信息披露机制，以强化企业社会责任，打破"数据壁垒"，营造公平竞争的市场环境，推动数据流通市场健康、可持续发展。

5.3.1.2 加快推进机构与组织建设

应加快出台黑龙江省数据经纪人管理规则、数据商和数据流通交易第三方服务机构管理规则等规则体系，专门出台鼓励政策培育数据要素流通主体和交易服务生态，数据要素流通交易服务生态是数据要素市场健康运行的必要前提，是打通全流程各环节的保障条件。在公共数据流通交易领域，重点鼓励数据经纪人利用行业整合能力，通过开放、共享、增值服务、撮合等多种方式整合利用有关数据。在社会数据流通交易领域，鼓励和引导市场主体依法设立数据交易所，推动数据交易所运营机构利用先进的信息化技术建立资料来源可确认、使用范围可界定、流通过程可追溯、安全风险可防范的数据交易服务环境。大力支持数据商及第三方专业服务机构的培育与发展，全方位赋能数据流通交易，不断提升交易效率与质量。针对数据要素流通的完整生命周期，尤其是评估鉴定、安全保障等关键环节，系统性地培育一系列第三方专业服务，如数据集成、数据经纪服务、合规性认证、安全审计、数据公证、数据保险保障、数据托管、资产价值评估、争议解决仲裁、风险量化评估以及专业人才培训等，全面增强数据流通与交易各环节的服务能力与水平，保证数据的高效流通。

规范全国范围内的区域性及行业性数据交易平台，建立层次分明的市场交易架构，强化区域性及行业性数据的流通与应用。倡导促进地方与行业级数据交易场所与国家级平台之间的无缝对接与互操作，形成统一的数据市场网络。构建一套集约高效的数据流通基础设施体系，为场内外交易提供低成本、高效率且可信的交易环境。在智能制造、节能减排、绿色建筑、新能源、智慧城市等关键领域，强调需积极培育与业务需求紧密贴合的行业化、产业化数据服务商，并鼓励多种所有制的数据服务商协调发展，公平竞争。有序地发展涵盖数据集成、经纪服务、合规性审核、安全审计、数据公证、保险保障、托管服务、资产估值、争端调解、风险评估及人才培养等在内的第三方专业服务体系，全方位提升数据流通与交易的整体服务效能与专业性。在数据交易标的正式上市前，数据服务商需提交关于数据资源、授权使用详情、处理流程等必要信息，并附上由独立第三方服务机构出具的数据合规性评估报告。此外，数据交易参与方可委托第三方机构进行包括数据资产估值、质量验证、安全检测在内的多项专业服务，以确保交易过程的透明与安全。为有效监管数据交易市场，应由发展改革部门牵头，联合网信、工信、公安、市场监管、政务服务数据管理、地方金融监管及国家安全等多部门，共同组建数据交易监管机制专项工作组，以实现对数据交易活动的全面监督与管理。

5.3.1.3　规范公共数据授权运营管理

在公共数据授权运营的实践中，要坚定不移地遵循中国共产党的领导核心地位，恪守法律框架内的合规性、安全性与可控性，实施全面规划与审慎推进的策略，确保"原始数据不出域、数据可用不可见"的要求，在严格保护个人隐私、维护商业秘密、保密商务信息及公共安全的基础上，向社会公众提供高质量的数据产品与定制化服务。为加速这一进程，应鼓励符合条件的市、县（区）级行政区域优先发展有益于民生福祉、行业蓬勃增长潜力及产业战略价值的领域，率先启动并深入探索公共数据授权运营的试点项目，形成长期可复制、可推广的经验模式。所称的公共数据授权运营，是指县级以上政府按程序依法授权法人或者非法人组织（以下统称"授权运营单位"），对授权的公共数据进行加工处理，开发形成数据产品和服务，并向社会提供的行为。省、市两级公共数据主管部门依托本级公共数据平台建设授权运营域；县（市、区）依托市级授权运营域开展授权运营工作，确有必要的，可单独建设授权运营域。省公共数据主管部门负责制定全省授权运营领域建设标准，并组织验收。授权运营单位应在授权运营区域内对授权运营的公共数据进行加工处理，形成数据产品和服务。原始数据对数据加工处理人员不可见。授权运营单位使用经抽样、脱敏后的公共数据进行数据产品和服务的模型训练与验证。数据产品和服务应按照国家和省有关数据要素市场规则流通交易。授权运营单位应坚持依法合规、普惠公平、收益合理的原则，确定数据产品和服务的价格。

5.3.2 优化数据资源

5.3.2.1 鼓励培育构建各类数字空间

统筹数据流通交易技术发展现状和趋势，加强关键核心技术攻关，推进自主可控技术研究，推动数据流通交易技术创新，促进数据流通交易全流程协同，保障数据流通交易全过程安全可控。针对数据安全存储、数据授权、数据存证、可信传输、数据验证、数据溯源、隐私计算、联合建模、算法核查、融合分析等领域，采取揭榜挂帅方式加快数字流通交易领域关键核心技术攻关，广泛汇聚国内优势研发力量，有组织、高效率地破解数字流通交易领域科技难题。鼓励支持高校企业加强多方安全计算、可信执行环境、联邦学习等隐私计算关键技术攻关和测试验证，并在金融、医疗、政务领域积极推广应用，推动隐私计算在数据流通领域实现工程化，促进数据安全可信流通。鼓励数据流通交易主体采用隐私计算，在数据流通活动中部署隐私计算技术解决方案，提高隐私计算认知度、认可度，推动传统数据流通模式与流程变革，不断实现隐私计算技术能力和应用模式成熟。针对多方安全计算、联邦学习等隐私计算应用场景，明确激励机制、利益分配机制、平台收费机制等商业模式，支撑隐私计算技术大规模推广应用，加快形成数据流通关键基础设施。建立完善数据流通交易相关领域的人才引进、培育、评价、激励机制。支持高等院校、科研机构、行业协会、企业围绕数据可信流通、隐私计算、合规审查等环节开展产学研深度合作，加强关键核心技术研究和成果转化。鼓励和支持数据流通交易市场主体以及企业、高等院校、科研机构、相关行业组织等开展或者参与数据流通交易国家标准、行业标准、地方标准、团体标准、企业标准的制定。

5.3.2.2　推进数据资源化、资产化

数据价值化涵盖资源化、资产化、资本化三大阶段，是推动社会创新与增长的新动力。推进数据资源化、资产化为数据资本化提供前期基础。数据资源的资产化能为数据市场供给端提供正向激励，对企业而言，数据资产化可以为企业带来实质性权益，从而在供给端提高数据市场中企业数据的供给质量，进一步释放数据资产的价值，让数据资产实现可交易、可流通。数据要素包括存在显著先后顺序的资源化、资产化与资本化过程，数据资源化与资产化为数据资本化提供了基础准备，数据资本化为数据资源化与资产化提供了市场法评估依据与基本动力。在实际应用中，数据价值的演进并未严格遵循"资源化—资产化—资本化"的发展路径，而是展现出一种同步且相互衍化的动态过程。数据资源化指的是将基础信息精加工为高质量数据资源的过程；数据资产化则是将这些高质量数据与具体业务情境深度融合，催生商业价值，实现资源向资产的转化；数据资本化可视为通过市场交易与流通，实现数据要素在社会范围内的优化配置与动态增值。以上三个阶段共同赋予了数据以通用性、全局价值、流通性及经济价值的属性，进而使其成为现代经济中的关键生产要素。其中，资源化聚焦于"精加工"，资产化强调"场景融合"，资本化则体现了"动态衍生"的特质。具体而言，共涉及三个层面：一是资源化层面，涵盖了从原始数据采集到后续加工组织的全过程，是数据价值释放的先决条件。当前，数据作为基础性、战略资源已获广泛认同。二是资产化层面，数据需获得法律层面的认可，成为如同不动产、动产般可

计入资产负债表的资产，这一领域目前尚待进一步探索与确立。三是资本化层面，资本化是资产化的高级阶段，使数据价值可量化、可交易，转化为可经营的产品或商品，从而充分释放数据要素的经济潜力并创造新的价值增长点。为加速这一过程，需推动原本按费用化处理的数据资源快速实现"入表"资本化，鼓励企业增设"无形资产—数据资源""开发支出—数据资源"及"存货—数据资源"等会计科目，以标准化会计处理方式为数据要素市场有序发展做准备，打消关于数据资源资产确认、分类、计量及信息披露等方面的疑虑。省级财政部门应加大对数据资源会计处理培训的力度，引导相关企业准确遵循企业会计准则及暂行规定要求，强化信息披露的规范性。持续跟踪数据资源实务发展及暂行规定的执行情况，联合各方就实践中的关键问题开展深入研究，并通过案例解析、问答指导等形式提升暂行规定的执行效能。此外，鼓励企业开展内部数据资产目录梳理，依据暂行规定要求对数据资源相关费用进行细致分析，逐一确认是否符合资本化条件，为数据资源正式"入表"做好充分准备。

5.3.3 畅通数据交易流通路径

5.3.3.1 加快全省数据交易流通工作

在推动黑龙江省数据交易流通工作的发展进程中，应充分发挥黑龙江省数据局与黑龙江大数据产业发展有限公司的各自优势，形成合力，共同促进数据产业的高质量发展。黑龙江省数据局，作为全省数据工作的顶层设计和总体布局者，其核心职责在于制定和完善数据交易流通的政策法规体系，明确数据交易流通的基本原则、具体规则及标准化要求。这包括推动建立全面的数据交易流通市场体系，涵盖数据交易平台建设、交易规则制定，以及交易活动的有效监管等多个方面。同时，黑龙江省数据局还需进一步促进数据资源的整合与共享，通过统筹推进全省数据资源整合共享工作，打破部门间的数据壁垒，实现数据资源的互联互通。在此基础上，推动省级数据资源中心或大数据交易平台的构建，为数据交易流通提供坚实的基础设施支撑，并逐步强化对数据交易流通活动的监管，确保交易活动的合法性与合规性，同时加强数据安全保障措施，有效保护个人隐私和商业秘密，防止数据泄露和滥用。黑龙江大数据产业发展有限公司则应遵循"政企合作管运分离"的原则，致力于数据交易平台的搭建与高效运营。依托自身强大的技术与资源优势，搭建全省统一的数据交易平台，提供包括数据交易撮合、数据产品交易，以及数据安全保护等在内的全方位服务。在此基础上，不断优化数据交易平台的功能与服务，提升数据交易的效率与便捷性。此外，公司还应不断加强数据产品与服务的创新，深入挖掘数据价值，开发出满足政府、企业及公众多样化需求的数据产品和服务，推动这些产品和服务在政务、产业、民生等领域的广泛应用，从而进一步提升数据交易流通的经济效益与社会效益。同时，公司应重视合作与生态建设，积极与政府部门、科研机构、高校及企业等建立紧密的合作关系，共同推动数据交易流通工作的开展，积极参与数据交易流通的生态圈建设，促进数据产业与其他产业的深度融合与协同发展。

5.3.3.2　推进数据交易流通平台建设与集成

充分利用黑龙江省数字政府已建设公共支撑能力，建立数据要素市场化基础设施体系，为数据流通交易提供基础技术保障。在数字政府政务云、电子政务外网、数据中台、业务中台、区块链系统、电子证照系统等公共支撑能力的基础上，建设数据资产登记平台、数据交易平台和数据流通交易监管平台，提供数据汇聚治理、加工开发、登记评估、交易结算、交付使用、全流程监管等数据流通交易业务支撑能力，鼓励数据交易所、数据经纪人、数据商等社会侧系统建设，加快连通社会侧的云网基础设施，支持公共数据运营管理机构、数据交易所、数据经纪人、数据商、第三方专业服务机构等各类数据流通交易主体接入，通过各系统互联互通不断扩展形成数据流通生态网络。

5.3.3.3　促进数据流通交易全流程协同

深化优质供给，促进合规流通体系构建。在经济社会全面数字化转型的背景下，应进一步优化数据要素供给结构，提升供给数量与质量，促进数据流通交易全流程协同。对于市场主体在经营活动中合法采集且不涉及个人隐私与公共利益的数据，确保主体依法持有、使用及获取相应经济回报的权利，并给予数据处理中的劳动与要素投入的经济报酬。为激发数据供给活力，企业应探索数据授权新机制，特别是依托国有企业与行业龙头，以及互联网平台的引领作用，促进与中小微企业的双向公平授权合作，加速中小微企业的数字化转型进程。支持第三方机构与中介服务组织，加强数据采集标准与质量评估体系，推动数据产品标准化进程，并促进数据分析、数据服务等新兴产业的繁荣发展。政府部门在依法履行职责时，可合规获取企业及机构数据，但必须明确并严格遵守数据使用限制条件。在数据流通交易领域，应明确交易主体的范畴，包括自然人、法人和非法人组织，具体交易角色则涵盖数据卖方、买方、经纪人及数据商。鼓励数据卖方与数据商强化数据质量、安全性及合规性管理，确保数据真实可靠且来源合法，保障有效数据供给。同时，鼓励数据买方依据交易约定在规定场景中合规使用数据。鼓励交易主体将非合规的场外交易转向场内合规交易，通过建立健全的规则体系，构建健康有序的数据交易环境。针对黑龙江省数字化转型的重点领域，着力打造超过百个具有示范意义、高显示度及广泛带动性的应用场景，显著提升产品与服务质量效益，并培育出一批数据要素应用示范区域及具备强大创新能力与市场影响力的数据商与第三方服务机构。

鼓励数据交易所按照行业领域设置行业专区，对涉及智慧农业、智能制造、智慧金融、数字政府、智慧交通等关键行业领域，提供数据资源、算力资源、算法模型以及综合形成的数据产品和服务，为行业数字化转型提供"一站式"数据服务。数据交易所积极开展区域服务基地建设工作，在各地建立数据交易服务基地。鼓励在齐齐哈尔、大庆建立智能制造数据交易服务基地，在佳木斯、绥化建立智慧农业数据交易服务基地，在哈尔滨建立智慧服务数据交易服务基地，在黑河、牡丹江、绥芬河建立跨境贸易数据交易服务基地，立足场景提供针对性数据资源、算力资源、算法模型以及综合形成的数据产品和服务，带动优势产业数字化转型。以推进数据要素协同优化、复用增效、融合创新作用发挥为重点，强化场景需求牵引，带动数据要素高质量供给、合规高效流通，聚焦重点行业和领域，挖掘高价值数据要素应用场景，培育自然人、法人和非法人组织，繁荣数据产业生态，激励多方主体积极参与数据要素开发利用。重点鼓励个人、法人和其他组织构建个人、法人、行业数字空间。鼓励个人、法人构建数字空间，创新安全、可信的数据主体授权用数模式，支持数据主体将数据授权给交易需求方使用。鼓励数据经纪人构建行业数据空间，鼓励行业领域内数据开放共享和可信流通的基础设施，服务能源、电信、金融等各行业领域的数据要素流通。

5.3.3.4　探索数据跨境流通与合作

积极参与中俄数据跨境流动规则制定，探索建立中俄国际数据跨境流动制度安排。促进中俄两国就数据跨境流动展开双边磋商，致力于构建基于互惠互利的规则体系与制度框架，激发并倡导数据跨境合作的新路径与新模式的探索。鼓励利用数据交易平台作为媒介，推动跨境数据交易业务的开展，针对相关数据法律法规覆盖范围之外的数据（特指国际贸易、学术协作、跨国生产与市场营销等非个人敏感信息及非关键数据范畴的数据）进行创新性的交易品种设计与交易模式探索。未被相关部门、地区告知或者公开发布为重要数据的，数据处理者不需要作为重要数据申报数据出境安全评估。鼓励通过问题导向，建立常态化地与跨境数据流通交易市场主体沟通联系的机制，听取和回应跨境数据流通交易市场主体的意见、诉求，依法帮助解决经营中遇到的问题。根据数字贸易的新业态、新模式，建设国际商事纠纷多元化解平台，为数字贸易纠纷当事人提供便捷的纠纷解决途径。重点依托自贸易推进数据标注产业基地和数据资源集散地建设，支持市场主体开展境外数据在境内的存储、加工、贸易等服务经营。数据局、网信等主管部门按照各自职责依法协助做好数据出境安全评估等工作。自贸区可自行制定本自贸区需要纳入数据出境安全评估、个人信息出境标准合同、个人信息保护认证管理范围的数据清单（以下简称"负面清单"），在获得省级网络安全和信息化委员会的正式批准后，进一步提交至国家网信部门进行备案记录。对于未列入负面清单的数据出境活动，流程可以适当简化，无须进行烦琐的数据出境安全评估申报、签订专门的个人信息出境标准合同，或强制要求通过个人信息保护认证，从而提升数据流通的便捷性与效率。负面清单内数据交易与出境，建议通过公共数据交易中心专区进行，并采取普通程序，对经省级网络安全和信息化委员会以及省数据资产登记合规委员会合规审核通过的数据，可以跨境交易流通。对标高标准国际经贸规则，依法探索制定和实施数据跨境流动及存储、数字产品非歧视性待遇、数字产品版权保护、新兴数字技术等方面的规则，稳步扩大数字贸易制度型开放，促进数字贸易新业态、新模式健康持续创新发展。

构建数据安全合规有序的跨境流通机制。深化国际合作，在数据交换、业务协同、监管互认及服务共享等领域加强合作，加速跨境数字贸易支撑体系的建设。坚持《全球数据安全倡议》的核心理念，积极参与数据流通、安全、认证评估、数字货币等领域的国际规则与技术标准制定。秉持开放合作理念，促进数据跨境双向流动的有序性与合规性，鼓励国内外企业及组织遵循法律法规，携手推进数据跨境业务合作，同时支持外资合规进入开放市场，营造公平竞争的国际营商环境。针对跨境电商、跨境支付、供应链整合、服务外包等关键应用场景，探索安全高效的数据跨境流通模式。平衡数据开发利用与安全保障，促进跨境数据分类分级管理体系的构建。对于涉及或可能危及国家安全的数据处理、跨境传输及外资并购活动，实施严格的国家安全审查制度。遵循对等原则，对于涉及国家安全和利益、履行国际义务且属于出口管制范畴的数据，实施依法合规的出口管制措施，以保障数据的合法使用并防范跨境传输中的安全风险。同时，构建多元化、高效便捷的数据跨境流动监管体系，强化跨部门协作机制，形成合力。坚决反对数据霸权与保护主义倾向，积极应对数据领域的"长臂管辖"挑战，维护全球数据流动的公平性与安全性。

5.3.3.5 建立健全场外流通交易规则

数据交易市场分为场内交易和场外交易。前者是指通过数据交易所或数据交易中心进行的数据交易，而后者则是由企业或个人之间自主产生的数据交易，又称为自主交易市场，场外交易最终都会形成数据知识产权。目前，我国数据流通交易仍以场外交易为主，场内交易加速推进。应支持数据处理者依法依规开展场外数据流通交易活动，建立健全场外交易规则，规范场外交易管理。黑龙江省可以出台规范数据要素场外交易的管理规则，让数据要素场外交易的数据生产、流通、使用过程中各参与方享有合法权利，同时鼓励场外交易标的，包括数据产品、数据服务、数据工具等生成数据知识产权，逐步引导未来数字交易由场外交易转向场内交易。

6 挖掘与培育数字生产力的对策之三

——转变数字生产方式

数字生产方式包括数字生产力和数字生产关系两个方面，是两者的统一。数字生产力是数字生产方式的物质内容，数字生产关系是数字生产方式的社会形式，最终决定着生产方式的存在、发展和变革。生产方式是划分社会形态的基本标志。随着数字生产方式的矛盾运动，传统生产方式逐渐向数字化生产方式演变，社会不断由低级向高级发展。应顺应数字生产方式发展的内在需求，推动三次产业数字化转型发展，提高黑龙江省数字生产力。

6.1 农业数字化转型

农业数字化转型应重点建设农业大数据中心、农业产业云（平台）、农业产业大脑，推进智慧农场、智慧牧场、智慧渔场发展。对中俄农业资源进行统筹，打造研发、生产、加工、储运、销售、品牌、体验、消费、服务等环节和主体紧密关联、有效衔接、耦合配套、协同发展的智慧农业产业集群。

6.1.1 建设农业大数据中心

强化农业大数据资源体系及规范标准建设：建设完善的农业农村大数据

体系，做到有机整合市、县、乡、村农业数据资源，建立"感知—分析—决策"三步走的农业大数据应用体系。统一全省农业传感器标准，从元器件开始选型，按照统一标准，设计一套完整的从数据采集、传输到控制的物联网架构体系。完善农业数据格式、采集和传输标准，规范涉农数据交换接口，建立涵盖粮、乳、肉、水产等涉农产品以及资源要素、农业技术、政府管理等在内的数据指标、采集方法、模型构建及应用、制度发布等农业数据标准规范体系，建立全省统一的农业大数据目录、数据开放体系和数据共享机制。

强化农业大数据应用的基础支撑作用：加快农业基础数据标准化建设与归集工作，构建内容更加多样化且丰富的农业农村基础数据资源库。加强农业农村大数据"云""网""端"基础设施建设，对数据中心、平台软硬件支撑进行优化，提升计算和存储服务能力。加强农业大数据采集、存储、清洗、加工、挖掘、关联分析、建模、管理与处理、可视化等相关平台建设，助力农业农村实现数据信息"一张图"和"云网一体化"。利用大数据技术实现数据存储、数据融合、决策分析，为各级政府、涉农企业、农民提供系统的大数据应用解决方案。

强化农业大数据中心建设：推进农业农村数据整合汇聚，构建农业大数据中心，建成集信息综合展示、行业场景应用、条线业务监管、数据应用服务于一体的综合管理服务信息平台，成为政府实现对农业生产精细化与信息化管理的有效工具。以黑龙江省农业大数据中心现有农业数据基础为依托，按照全省统一的农业大数据目录、数据开放体系和数据共享机制，承接国家农业大数据中心资源，对农业农村数据开展汇集管理、综合分析和整合应用，对农业农村数据进行多维度科学规划、合理分类、规范标准，集成种植、渔业水域资源、禽畜类型资源等基础数据库建设。基于农村土地承包经营权确权登记数据，与农业农村部农业补贴发放、投入品监管、新型农业经营主体信息、家庭农场名录等系统相结合，对经营主体身份、就业、生产管理、补贴发放、监管检查、投入品使用、培训营销等多位一体的基础数据进行完善，建立农业经营主体数据库。开发农业农村信息直报系统，将省域内的全口径农业生产数据纳入动态、实时的可视化监管之中。

6.1.2　农业产业互联网平台

布局农业产业互联网。建立农业全产业链数字化集成应用的数字农业发展新模式，加强农业生产、加工、销售、服务、物流等环节的数字化改造和数字技术应用，全面落实农业全产业链数字化集成应用和数字农业发展模式，加快"数字技术+农业生产""云数统管+农业管理""电子商务+农业营销""互联网+农业服务"等智慧农业组合模式发展。与农业全产业链数字化对接，依托农业生产、加工、流通、销售、消费的全产业链大数据，建设农业产业互联网平台，建设数字农服平台、产权交易平台、农业金融平台、交割管理平台、农业补贴服务系统、农业数据统计直报系统。集成农机共享平台，涵盖农机商城、信息发布、农机服务、植保服务等功能，实现机具共享，提高农机使用效率。部署农产品产销直接对接的订单式农业 B2B 交易平台，实现按照加工企业要求的精准种植模式。向农业经营主体提供资源管理、土地承包、土地托管、金融贷款、农资采购、农机撮合、农业保险、粮食交易、植保服务、绿色食品销售、农产品质量追溯、作物长势监测、气象环境监测、行情动态、农技咨询等农事服务，提升农业产业链价值，提高种植者效益。依托农业产业互联网平台为农业生产提供数据监测与分析、预警警报、远程控制等服务，以技术手段支持集约化生产和绿色农业。

部署中俄农业产业互联网。探索将农业产业互联网模式在中俄农业合作领域复制应用。依托中俄数字农业产业带项目，复制农业产业互联网模式，打造中俄农业产业互联网平台，构建中俄智慧农业产业生态，推动技术、资本、产业等更多资源形成合力，打造世界级寒地智慧农业产业基地和示范基地。推进中俄双方农业主管部门协商，在政府层面尽快签署农业合作备忘录和农产品相互市场准入合作，解决农产品相互准入问题，加快推进农业产业互联网跨境应用，建设中俄数字农业示范带。搭建中俄农业产业互联网平台，通过新一代信息技术实现中俄农业要素全连接，增强农业生产、加工、物流、销售各环节互动，形成有机闭环，支撑物流互联、技术互联、产业互联、资金互联和标准互联。通过建立在俄数字粮仓、中俄农业数据分析平台、中俄农产品交易平台、中俄绿色农产品智能加工园区，建立中俄农业产业全数据全链路全流程的智慧大脑，通过对在俄农业生产进行数据分析，实现对农产品产量、产质的精准预测。

部署大豆产业互联网。探索将农业产业互联网模式在大豆产业垂直领域复制，统筹推进大豆产业互联网平台建设，打造全国垂直农业产业互联网"样板"。加快推进大豆种植数据资源建设，依据农业农村数据共享开放相关政策和管理规范，汇聚大豆种植基础地理、遥感、生产经营主体基础信息、耕地基本信息、生产投入、市场交易等数据资源。加快构建大豆产业互联网平台，建设数字农服平台、产权交易平台、农业金融平台、大豆交割管理平台，集成农业补贴服务系统、农业数据统计直报系统、农机共享平台。建设大豆种植专业合作社与大豆加工企业的订单式农业 B2B 交易平台，实现按照大豆加工企业要求的精准种植模式。

6.1.3 农业产业大脑

依托政务"一朵云"，统筹建设农业云，系统规划并构建农业云平台，为全省农业资源和互联网平台提供统一的基础设施与支撑体系，加速"农业云端化"进程，确保各流程与环节间数据在平台上的无缝对接，促进农业全链条（产业链、价值链、供应链）的深度融合与互操作，塑造省级"农业云"生态系统。构建以"AI 融合 IoT"技术为基础，云计算为强大支撑，以大数据为驱动核心的"智能+农业"开放平台，在深化行业生态布局的同时，促进农业孵化平台与开发者社群构建，推动 API 接口及先进算法能力的线上共享与流通。进一步强化与内外部 AI 团队的协作，专注于作物数字模型的研发，培育并吸引行业内顶尖的作物数字模型服务提供商与合作伙伴。建立面向主要作物品种和针对重点区域的水、肥、药、光、温、热等农业生产要素以及农业灾害精准管控的智慧大脑，实现大田生产作业、智能生成灾害防控处方、大田作业适期管理和农机精准作业指挥调度服务，积累数据逐步建立以种植规程、监测规程、作业规程为核心的主要作物数字化高效精准栽培技术体系。借助农业产业智能中枢与"三农"数据中心的强大能力，实时整合来自空天地一体化的广泛信息、农业生产中的物联网感知数据，通过集成智能模型、先进算法与实用工具，以数字化、图谱化，以及适应农业需求的形式，为农业生产、分配、流通、消费、服务等全环节提供精准的预警分析、辅助决策支持、在线指挥等"脑级应用"。通过"一脑集成"战略，引领未来农场迈向更加分布式、数字化、机械化的高效生产模式。

6.1.4 鼓励新一代信息技术在农业领域应用

加快推动种业数字化改造。建立健全以品种创新、种子市场、种业主体为主线的种业大数据平台，建立品种审评系统、区域性品种试验平台、种质资源库、市场监管机制、品种推广网络等多个信息模块，并与国家级和省级种业大数据平台进行对接，实现数据共享与协同。同时，应优先发展良种产业园的信息化服务平台，鼓励种业领军企业或产业合作体采用"育种—繁育—推广"一体化模式，构建贯穿全产业链的种业大数据平台，全面实现种业企业育种技术的数字化升级，提升行业整体竞争力与创新能力。研究推广大豆品种适宜性精准评价模型，推动审定品种适宜生态区精细到县、乡区域，实现品种推广智能化、精准化。

加强信息技术与农业的应用融合。加快农业基础设施数字化改造，加强数字科技在农产品全产业链深度融合应用。深入推进"互联网+农业"高标准示范基地建设，持续建设农业生产物联网应用示范基地，在稻米、寒地果蔬、乳肉等规模化生产区域，在生产监测、精准作业、智能指挥等农业生产全过程中开展物联网感知、卫星遥感、地理信息等数字信息技术的集成应用试点。加速对传统农机设施的数字化改造进程，深入探索水稻智能催芽技术、土壤检测配方施肥策略、水肥一体化精准灌溉系统、航空喷洒作业、大型智能植保机械等先进技术与装备的应用，大力推广农业"机器替人"的示范项目。在农业生产领域，强化大数据的渗透与应用，整合农业地理空间、生产经营信息、科技推广资料等多维度数据资源，构建大数据分析平台，为农业决策提供强有力的数据支撑与服务。聚焦特色农业领域，加速推动智能装备、尖端技术与种植业、畜牧业、渔业生产及农机作业的深度融合与广泛实践，推进数字化农业工厂和园区建设，打造一批智慧农业试点示范项目。

支持智慧农场建设。在农作物种植的全周期中，系统采集各生产环节的数据，进行深入计算与分析，从而生成针对性的应对策略，为种植业的各环节提供智能化的决策支持。借助物联网等现代信息技术，实现对土壤墒情、作物苗情及潜在灾情的"三情"监测与气象预报，为生产决策提供高度精准的指导。通过集成信息监测、数据分析、智能决策及自动化控制等先进技术，构建农田自动化生产体系，实时在线感知农田信息，实现精细化的生产管理与控制，以及高效能的运维管理，全面提升农田作业的智慧化水平。

综合运用农田测量、定位信息采集等技术，与农田气象监测设备、遥感和植保无人驾驶航空器、无人驾驶农业机械、农田智能灌溉设备等智能农机装备相配套，建设农机作业质量监控管理系统，对农田生产情况和农机作业情况进行实时管控，实现精准农业生产。鼓励农场引进更多自动化育苗设备、无人机等植保作业装备，流水线加工作业、收烘加工、采收分拣作业装备和巡检、运输机器人等智能农机装备。

支持智慧牧场（养殖场）建设。利用物联网、大数据、区块链等技术对牧场（养殖场）全场设备数字化和网络化控制，实现畜禽养殖全过程的数据采集、数据分析、过程优化、智能控制和信息追溯。建立畜牧养殖大数据监管平台，对畜牧生产全链条的严密监控，实现优化资源配置、改善养殖环境，进而增强监管效能与产品质量。基于养殖大数据监管平台，构建智慧牧场综合管理系统，并融合环境智能调节、精准饲养策略、疾病防控体系及产品智能收集等功能模块，实现了养殖流程的一站式集成与智能化操作，有效降低了运营成本，提升了养殖效率。鼓励牧场采用标准化、工厂化的养殖设施，配置前沿的自动化技术设备，如智能投喂系统、自动供水网络、环境自动化控制、智能巡检机器人、自动化清洁排污系统、自动集蛋装置及自动挤奶与储运系统，以推动牧场在关键环节乃至全生产周期实现机械化、自动化与标准化的饲养与管理。

加速推动林下经济向数字化转型。建设道地药材数字化应用示范基地，运用区块链、大数据与云计算等前沿技术，对中药材从育种至最终产品上市的各个关键节点，如原产地认证、生长期监控、管理维护、采收时间、加工方法、工艺流程、包装储运等，进行全方位、全周期的数字化跟踪与管理。加强区块链技术在追溯体系中的应用，确保药材全生命周期中的人员与物品信息均上链记录，实现信息的透明化、可追溯性与防篡改性，从而构建基于数据与标准双重保障的可靠信任体系。

6.1.5　农产品智能加工基地

重点建设农产品智能加工基地，补齐农业全产业链数字化短板。围绕中俄数字农业示范带，加快推进粮食、中药等农产品深加工，加快新一代信息技术在农产品加工领域的应用，推动生产智能化、加工自动化、管理标准化。启动农产品智能加工基地专项招商引资活动，一劳永逸解决制约黑龙江省农产品深加工与农业全产业链数字化转型的短板。推进农产品的智能化加工体系的建设，推广智能流水线、专用智能机器人等前沿自动化设备的应用，开展智能分拣、自动化清洁处理、无损质量检测及自动化包装等多环节作业。打造农产品精深加工的高效生产线，实现生产流程的全面数字化升级，并构建集感知、互联、智能分析与精准控制于一体的物联网平台，通过系统性地收集并处理加工过程中的工时、产品品类、数量统计、损耗分析、质量监控等核心数据，驱动农产品加工企业向云端转型，最终实现生产、加工、消费等全链条数据的互联互通与智能协同。

6.1.6　开展农业平台对接工程

对传统农业经营主体进行系统性的梳理与分类，并加速与数字技术平台、电子商务平台及直播媒介的深度融合，促进新型农业经营主体模式与业态。借助社区电商领域的蓬勃发展，通过抖音、快手、淘宝直播等热门直播平台，为黑龙江省农产品开通多元化的线上销售新渠道，巧妙融合短视频与直播等新媒体形式，丰富电商销售的策略与手段。策划并举办电商直播专题活动，提升农产品的网货化品质，扩大网络市场的营销影响力。同时，重视涉农新媒体电商与直播电商人才队伍的培育，通过专业培训扶持一批具有潜力的电商主播，并建设具备综合服务能力的直播基地，促进行业的可持续发展。鼓励知名网商企业采用直销模式，提升黑龙江省网商品牌的知名度与市场影响力，拓展其在第三方平台旗舰店的网上销售。鼓励电商平台与新零售门店的直接采购合作，推动优质农产品的线上线下融合销售。同时，供应链企业的直供模式也备受推崇，通过减少中间环节，提高农产品从供应到销售的效率。在物流环节，支持物流企业采取直配模式，直接对接优质农产品的供应商与生产商，确保产品高效送达。针对社交电商领域利用其灵活快捷的特点，通过 App 小程序下单，实现社交电商直接配送到家或社区的服务，进一步拓宽农产品的销售渠道。

6.2　工业数字化转型

统筹中俄"两种资源、两个市场"，以"粮头食尾""农头工尾"为切入点，围绕建设优质绿色功能性食品生产基地和优势农产品加工产业基地两大产业基地的需求，以"产业大脑+智能工厂"为核心，围绕（农产品）智能加工基地建设，招引、集聚大豆、玉米等产业的智能加工企业，融入农业产业大脑，推进农产品精深加工数字化（智能）示范车间、智能工厂建设，一劳永逸补齐制约黑龙江省农产品深加工与农业全产业链数字化转型的短板。

6.2.1　推动（农产品）智能加工产业发展

推动企业数字化升级改造。积极鼓励农产品加工企业加快网络升级改造，支持企业对 5G、边缘计算、时间敏感网络（TSN）等新型网络技术的综合运用，对企业内网进行改造，促进生产各环节网络化水平提升。推动 5G 全链接工厂建设，探索 5G 专网建设及运营模式。加快信息技术（IT）与生产控制（OT）两大网络融合。支持企业对工业现场"哑设备"进行网络互联改造，推动工业设备实现跨协议互通，为多元工业数据采集提供支撑。促进农产品精深加工生产线、生产工艺数字化，搭建感、联、知、控物联网平台，系统收集加工工时、品类、数量、损耗、质量等关键数据，推动农产品加工企业"上云"。建设农产品智能加工车间，集成现代信息技术和成套智能加工设施装备应用，提高农产品加工效率和质量。

加速推进智能农产品加工企业接入农业大脑的实现。加快全省农产品加工产业数据体系建设，推进工业设备联网与数据采集，提升农产品加工数据集的开发应用能力，建设企业、行业和产业数据仓，逐步形成互联的产业数据体系，汇集知识、机理模型和算法算力，支撑数据的价值挖掘。以统一数据标准依法推进政府侧、行业侧以及企业侧数据间的互通共享，实现综合集成和创新应用。加快推进农产品智能加工企业接入农业大脑，带动产业链上下游数字工厂业务系统迁移至云端，鼓励企业运用平台，开发研发设计、生产制造、运营管理、供应链协同等应用，打造产业链生态，提升产业大脑在进行智能决策与服务产业链方面的能力。加快推进"产业大脑+数字化产业链+数字化供应链+数字化价值链"融合。探索能跨越物理边界的"虚拟"农产品加工产业园区和促进集群化发展，加快产业资源虚拟化集聚、平台化运营和网络化协同，构建虚实结合的产业数字化新生态。

支持企业接入黑龙江省工业互联网标识解析二级节点综合管理服务平台。鼓励农产品智能加工企业推进硬件部署、系统开发、数据对接。以粮油加工产业集群为示范，重点粮油加工产业推动工业互联网标识解析应用工作，赋予产品、零部件、机器设备等生产要素工业互联网"数字身份证"。实现农产品精深加工产业大脑平台与标识解析管理服务平台互联互通，实现跨领域、跨区域、跨层级的数据流通与治理，加快形成统一规范、安全可靠的多维数据供应链和产业链。

6.2.2 智慧矿山

推进矿山智慧化升级改造建设。促进煤炭工业深度融合互联网、智能算法、海量数据分析、边缘计算技术、第五代移动通信（5G）及虚拟增强现实等尖端数字技术，运用物联网、AI与大数据分析手段，建设矿山各系统间的智能互联生态。利用 5G 的高带宽、超低延迟与广泛连接特性，部署无人驾驶作业、智能采掘系统、机器人巡检体系、安防智能化、环境监测智能化及单兵装备智能化等信息化项目。

统筹煤矿数字化改造。树立协同推进绿色与智慧矿山的双重建设目标，针对高安全风险煤矿及年产能 300 万吨以上的大型煤矿，实施深度智能化改造。奋力实现安全通信即时化、地下定位精准化、巷道掘进智能化加速、开采面协同控制智能化、综合管理体系优化、煤流及辅助运输智能化、洗选工艺智能化、矿区生态与智能系统融合升级。

鼓励非煤矿山的数字化转型。系统性地推动非煤矿山的智慧化升级进程，重点优化生产流程、技术装备升级及综合信息平台构建，全面推进智能矿山建设，涵盖智能采掘作业面、运输与供电系统的智能化、通风排水系统智能化、车辆高效调度、智能监测网络、工业控制安全及视频监控系统智能化、综合管控平台与通信网络智能化等关键领域。

深化 5G 在矿山领域的应用。加速 5G 专网布局与边缘计算能力部署，促进应用设备由大型化、智能化调度，推动矿山生产全链条向少人、无人化转型，促进本质安全管理的集成化提升，以及能源利用与碳排放管理的清洁高效化。广泛推广 5G 无人矿车应用，依托 5G 网络的高速、低延迟、广覆盖特性，结合矿区三维数字孪生、实时路况分析、边缘计算能力与无人驾驶算法，实现矿车自主导航、精确停靠、自动化装卸及智能避障等功能，显著提升作业效率与安全水平。

6.2.3 智慧能源

强化智慧能源供给侧结构性改革与需求侧管理的深度协同。借助最新信息技术应用，优化全网一体化调度体系，构建"源—网—荷—储"深度融合、互补共生的城市能源互联网。促进化石能源生产智能化转型，深化常规电力设施厂站级智能化改造，逐步实施常规电源参数精确监测，提升电源与电网间信息交互效率，强化电源调控精准度与网源协同优化能力。积极倡导智能风电场、智能光伏电站及依托工业互联网的智慧运维云平台建设，借助新能源、储能技术、微电网及柔性电网等创新手段，实现分布式能源高效灵活并网与可再生能源智能化产出，促进传统能源与可再生能源的协同共生。构建多元协同的智慧综合能源网络体系，以智能电网为核心，融合热力、天然气、交通网络等多维度网络，实现能源形态间的高效转换与"集中—分布式"能源系统的协调运作。深化电力需求侧管理，广泛推广智能化监测与诊断技术，促进能源消费行为的智能化转变。推动新型能源基础设施及服务平台创新发展，在充电桩、智能路灯、综合能源服务站等领域实施能效优化、智能运维、需求响应与多能协同策略。促进被动式建筑发展思路与绿色建筑、健康建筑、智能化建筑理念相融合，强化建筑全生命周期的低碳设计与运营管理。依托能源技术创新，在各类开发区、产业园区及旅游景区率先实施"互联网+"智慧能源示范项目，加速能源消费智能化进程。鼓励智能终端技术应用于家居、楼宇、社区、工厂等方面，打造能源交易灵活、智能高效的智慧能源应用场景，为智慧城市构建坚实的能源支撑。

加速企业能源数字化转型，全面运用新一代信息技术赋能企业节能减碳工作。深化能源管理中心建设，实现能耗数据的实时采集、深度分析及精准控制，强化能源系统内部动态监管，提升能源管理精细化与智能化水平。支持能源数字化系统深入应用，覆盖车间、生产线及关键用能设备，实现能耗精准计量、效率分析及日常调度优化，提升能源使用安全性与审计审查能力，为节能改造与低碳投资决策提供坚实的数据支撑与科学指导，有效推动工业企业节能减排与提质增效。

6.2.4 智能制造

实施智能制造强省工程。重点围绕农产品智能加工、智能家居产品制造、汽车电子、专用车生产制造、互市贸易落地加工等领域，鼓励高起点引进先进制造企业，鼓励新引进制造企业采用先进自动化、智能化设备，针对先进制造领域的领军企业，实施"机器换人"专项财政激励措施，特别设立针对前沿技术装备的首创应用奖励机制，以构建智能制造的全方位生态系统规划为核心，全方位赋能企业，涵盖技术革新、人才培育及金融扶持等多维度支撑体系。依托智能制造提升全产业发展水平，实现龙江工业振兴。

持续推动工业百项应用场景示范工程。依托工业数字化转型地图，精心布局了百项工业实践场景，广泛分布于 44 个精细划分的行业领域。通过揭榜挂帅模式，由工业数字化转型专项领导机构引领，配套启动项目立项流程，并配套相应的绩效评价体系与成果验收机制，引入容错机制与监管沙箱试验，以高效且持续优化的策略攻克工业数字化转型过程中面临的核心技术瓶颈，加速重大创新平台、公共技术服务平台及产业孵化基地的建设，实现转型障碍的一揽子解决方案。以工业百项场景示范工程为基础，针对工业细分行业领域提供共性解决方案以及转型工具、平台、产品、技术等方面支撑的企业，探索成立黑龙江省工业数字化转型促进中心，打造黑龙江工业数字化转型方案、产品孵化地。鼓励龙头企业牵头打造"链主"平台，为中小企业提供"小快轻准"的数实融合解决方案，有效协同和深度赋能上下游企业，增强产业链供应链韧性。

鼓励传统制造企业实现数字化转型。推动工业企业完成内网升级，开展工业互联网"入车间、连设备"专项工程，构建"内外协同、灵活高效、安全可靠"的工厂内部网络，对生产设备实现广泛互联和数据互通。鼓励"5G+工业互联网"示范推广开展，支持工业企业利用 5G 技术针对内网实施改造，助力 5G 全链接工厂建设，推进 5G 应用渗透至核心生产环节。推动智能单元、智能产线、数字车间、智能工厂等智能化建设。加快产品设计、制造过程装备、制造过程管理等方面的数字化和物流配送的信息化以及能源利用的集约化等，建设一批省级数字化车间/智能工厂。积极鼓励重点行业领域企业开展智能化制造、网络化协同、个性化定制、服务化延伸、数字化管理、安全化生产等新模式、新业态示范应用。

加快国家工业互联网标识解析二级节点接入及应用，促进中小企业上云上平台。强化工业互联网标识解析二级节点接入，加快推进企业、行业节点等接入标识解析体系，在装备、食品、医药等重点行业领域内大力推动产品信息追溯、产品全生命周期管理、供应链优化管理、设备故障预测及健康管理等标识解析应用的开展。加快中小企业核心业务上云进程和用云步伐，发挥"专精特新"中小企业数字化示范引领带动作用，强化中小企业数字化服务平台引进培育，全面赋能中小企业数字化转型。

6.3 生产性服务业数字化转型

加快促成生产性服务业数字化转型，推动对供应链金融、智慧物流、服务型制造等融通发展模式的培育，为三次产业数字化转型提供高质量中间服务。

6.3.1 智慧试车

推进试车场地设备数字化。对黑龙江省现有试车场地进行数字化改造升级，加快实现试车场地 5G 基站全覆盖，通过园区级 UPF 等专用网络设备及网络服务，打造"5G+高精度定位""5G+驾驶行为分析"等多个应用场景，实现车辆、驾驶员与平台间高速率、低时延的交互式实时通信，进一步提升整车验证检测水平，提高场地运营的安全性。加快开发应用寒区试验场数字化管理系统，实现对黑龙江省所有的试验基地、试验设备进行可视化、数字化管理，连接寒区试验车辆运行远程监控平台，实时掌握测试车辆在各试验场地的运行状况，实现对试验过程的质量监控，提高试车场地的管理效率。

推进试车企业技术数字化。鼓励黑龙江省现有试车企业采取先进的无人化、智能化、远程化的运行管理技术，通过利用智能化的故障检测系统对电机动力、轮胎耐磨性、雪地制动等传统试车项目进行无人值守的全天候不间断测试，一方面保证测试的持续性，提高测试效率；另一方面便于收集大量运行中的测试数据，保证数据的准确性和客观性。立足高寒车路协同领域，鼓励试车企业密切加深与高校的技术研发合作，共同打造高寒环境车路协同技术创新平台和测试实验基地，重点开发寒区边缘计算方向的相关应用算法，形成自有知识产权的多接入边缘计算（MEC）模组技术，稳步提高新能源汽车及智能网联汽车测试技术的数字化和智能化水平。

推进试车综合服务数字化。加快推进国际寒区试车聚能创新平台建设，利用中心窗口、网络平台、移动终端 App 等载体，实施"一窗式受理、一站式互动、一条龙服务"的线上线下综合运营服务模式，健全寒区试车数字化服务体系，为寒区试车产业上下游企业提供测试需求发布、测试技术创新、气象信息发布、试验场地预约、检验检测、汽配维修、出口认证、业务咨询、应急处置等试车服务，为相关试车人员提供宾馆预订、餐饮推荐、旅游指导、地产导购等生活保障服务，通过线上平台整合技术服务、生活服务、信息服务、金融服务等要素，为试车企业打造优质便捷的共享服务圈。

吸引华为、百度等汽车云领域领军企业整合黑龙江省范围内的试车资源，聚焦于智慧城市基础架构与智能网联汽车的协同发展项目，加速汽车云服务的部署与平台构建，重点关注自动驾驶云与车路协同云两大关键领域的发展。倡导试车企业利用云端资源，实现高效、经济且符合安全规范的数据存储、计算处理及模型训练，以推动技术创新。加快实施车云一体工程，将数字化能力贯穿汽车测试全过程，将汽车测试技术架构加速转化为车云一体化数据驱动框架。强化车端与云端的深度融合，依托车云一体化的数据驱动策略，激发行业创新活力，提升生产效率。通过一体化的数据管理与云端服务策略，加速自动驾驶技术的研发迭代过程，并以"云聚合、服务一站式"模式，广泛覆盖智能汽车运营的全链条需求，帮助客户简化系统架构，提供最优化的综合解决方案。

建设试车产业大脑。鼓励华为、百度等汽车云龙头企业构建适合黑龙江省试车特点的产业大脑，依托汽车云的基础服务与自动驾驶技术平台，集成数据接入、标注、模型训练、仿真模拟及 OTA 升级等功能，深度挖掘数据潜力，提升智能网联汽车的安全性能与运行效率。鼓励采用自主研发的核心算法，持续优化城区、高速、市区泊车等复杂路况下的驾驶方案。加强数据安全与处理能力，与汽车制造企业携手组建大规模的路测车队，支持搭载 L4 级全自动驾驶解决方案的车辆进行规模化路测，通过不断的测试积累，丰富场景数据，形成系统闭环的持续优化循环。鼓励企业构建无人驾驶测试场景，鼓励企业开发应用，实现可自动化挖掘构建各类仿真场景，实现分钟级的场景构建。基于终端场景化需求，鼓励企业开发自动驾驶、车联网、车路协同等云原生应用。

6.3.2 智慧物流

加快推进跨境智慧物流平台建设。立足陆上边境口岸型国家物流枢纽建设，链接"一带一路"国际通道，面向中俄边境贸易，鼓励货车帮、菜鸟物流等企业着力发展跨境物流，加快建设中俄智慧物流服务平台。围绕基建物资、设施设备、农副产品、生活物资等，推进大型通用仓储、冷链物流、铁路专用线、物流信息平台等基础设施建设与互联互通。加快跨国、跨部门、跨行业、跨区域物流信息资源交换，加强物流平台与交通、银行、保险、税务、工商、海关等信息系统的对接和业务协同，促进物流信息资源全面开放共享。整合中国及俄罗斯境内的产品供应商、制造商、分销商、物流承运商与金融机构等关键环节，构建一个集高效国际运输、便捷关务处理与全球配送能力于一体的综合性平台。解决进出口企业在仓储管理、货物运输、海关清关及终端配送等环节的复杂挑战，为中国与俄罗斯商家量身打造国际出口物流解决方案、强化国际供应链效能，并优化国际货运服务流程。进一步推动中俄智慧物流服务平台的发展，促进物流产业链上下游各方实施"平台+"战略合作，深入探索并激励仓储服务、运输模式、配送网络、包装创新、多式联运解决方案、国际货运代理、期货物流交割、跨境电商等综合物流服务业态发展"互联网+物流"新模式，助推行业转型发展，挖掘物流业大数据的增值价值，加快建设"通道+枢纽+网络"的现代物流运行体系。

统筹规划城乡一体化物流信息平台的整合。加强市域物流信息资源跨地区、跨行业互联共享，打造在行业和区域内具有影响力的，集交易、结算、跟踪、监管、服务于一体的物流信息服务平台。采用现代化的网络信息技术和标准，利用电子商务进村示范县与县域商业体系建设示范县进行试点，实现"省、市、县、乡、村"五级贯通，统筹建设覆盖全省的智慧物流体系。构建市级物流撮合平台与物流时效监管平台，与菜鸟物流、京东物流等知名物流平台和大型企业对接，按照由第三方物流配送企业解决城市区域内的配送，靠平台自营配送企业解决乡村物流"最后一公里"问题的思路，构建全省一体化"互联网+高效物流"服务体系。积极加快物流体系智慧化升级，促进物流循环在常态和应急状态下更加通畅。

积极发展智慧物流新模式。持续推进物流行业数字化转型，大力对智能仓储、无人仓、无人车、无人机、智能运输船舶等新一代智能物流设施的配置应用进行普及。加快对物流园区基础设施进行数字化改造或建设，积极推广自动化、智能化设施设备的应用，加速推进物流追踪与物资管控技术的革新，融合智能调度策略以实现储运效能的飞跃，深化无人搬运技术与智能码垛系统的研发与应用，积极探索物流无人机等前沿科技的普及，以及共同配送模式的优化实施，全面提升物流作业的能力与效率。规范网络货运行业的健康发展，积极倡导共享云仓、城市末端协同配送及无接触配送等新兴模式的广泛应用，深化先进物流技术与高端产业装备在园区企业运营中的深度融合，构建园区内部功能区之间的紧密互联与高效协作机制，从而全面提升园区物流服务的综合竞争力与整体水平。

6.3.3 智慧金融

提升数字金融创新服务水平。依托金融领域国家改革试点，积极发展区块链金融、供应链金融、大数据征信与风控等新型金融服务业态，探索开展数字人民币试点，进一步降低金融服务实体经济质效。推动新一代信息技术与金融深度融合，促进传统银行实体网点向以营销、体验为导向的数字化转型，为金融服务提效率、降成本。借助移动互联网的广泛覆盖特性，面向"三农"领域及偏远地区，精心打造安全、便捷且高效的定制化数字金融科技服务方案，拓宽数字金融服务的触达范围，加速数字普惠金融的深度普及与发展。同时，积极加速移动支付技术与支付结算服务的创新步伐，力求争取数字人民币应用试点的落地实施，以推动货币体系的数字化进程。充分利用"天罗地网"金融风险监测与防控体系的强大功能，不断完善防范互联网金融风险的长效机制与现代金融监管体系，确保其既具有前瞻性又具备实效性。在此基础上，推进黑龙江省实施金融科技创新监管试点项目通过实践探索，树立智慧金融发展的先进典范，打造智慧金融先进示范市。充分发挥黑龙江省作为自贸试验区的政策优势，积极构建跨境金融服务平台，拓展中俄企业间跨境结算和融资等金融服务产品。按照国家规定探索数字人民币应用和国际合作，支持建设国家级数字金融产业集聚区。

加快建设黑龙江省产业金融服务平台。针对市域中小微企业面临的融资难、成本高、流程长等挑战，构建一套高效解决方案。通过实现与全国中小企业融资综合信用服务平台的无缝对接，提出"数据赋能信用，信用驱动信贷"运行机制，强调利用多维度数据为企业构建全面、立体的信用画像，开创"信用换贷"新模式。在此过程中，全面整合税务、电力、市场监管、社保等多部门数据，与市公共信用信息共享平台、公共资源交易中心、大数据中心等资源进行深度对接，同时纳入水、电、气等公共服务领域的信用信息，强化外部数据与企业信用评估的深度结合，辅助金融机构精准评估企业信用，有效提升企业融资的信用基础。鼓励金融机构依托黑龙江省产业金融服务平台，创新设计一系列特色金融产品，如"政采融""归乡创业贷""农村电商融易贷""乡村振兴贷""巾帼创业贷"等，以满足不同企业的融资需求。建立信贷白名单企业数据库，简化融资审批流程，实现贷款申请、信息交换、审批及放款的全链条线上化操作，降低企业融资成本和银行信息收集成本，加大对诚信经营企业的金融支持，提升金融服务实体经济的效率与质量，努力打造助企扶企信用服务生态圈。

6.3.4 智慧流通

构建内畅外联智慧流通循环体系。促进商品与服务资源跨地域、大规模高效流通，优化商贸、物流及交通设施的空间配置，强化数字技术在现代流通体系中的赋能作用，加速流通产业向数字化转型与升级，加快建设南北协同、内外畅通的智慧流通主干网络。核心举措聚焦于实施智慧流通骨干网络构建工程，加速完善外循环、内循环及微循环的智慧流通体系，打造出若干条设施互联互通高效、产销链条紧密对接、区域间分工协作紧密的中俄流通走廊。为黑龙江省构建以国内大循环为主体、国内国际双循环相互促进的新发展格局奠定坚实基础，提供强有力的支撑。

加快推进智慧流通外循环。支持阿里巴巴等现代流通企业整合黑龙江省资源，对内优化升级商贸和物流网络，对外整合利用全球资源，构筑低成本、高效率、强韧性的全球流通运营渠道，培育国际合作和竞争新优势。鼓励阿里巴巴利用菜鸟物流中心仓，吸引速卖通、天猫国际、淘宝全球购、拼多多、快手、小红书、网易考拉等国内头部电商平台以黑龙江省为基地，拓展跨境电子商务业务，打通电商主体运营企业的电商平台销售渠道。推进中俄能源、粮食、矿石、木材等资源性产品网络交易平台建设，着重培育具备强大资源整合力与广泛经营网络覆盖的跨国贸易巨头，提升进口大宗商品集中采购的规模与效率，同时增强集采对国内经济发展的驱动力以及对国际市场价格的调控力。率先支持中俄农业产业互联网以及中俄数字农业产业带建设，开发中俄双语农产品信息交易系统，为农产品进出口企业提供一站式服务，涵盖采购、物流、仓储、质检、清关、销售及信息咨询等环节，提高粮食大宗商品大规模集中采购水平。全力打造跨境电商产业集群，鼓励平台企业发展跨境电商，加速海外仓与边境仓的布局与升级，并深入探索适应跨境电商需求的多式联运物流解决方案。

加快推进智慧流通内循环。充分借助农业产业互联网建设，加快推进中俄数字农业产业带建设，落地农产品智能加工企业，强化与大连港、营口港、符拉迪沃斯托克港合作，通过开展大豆、煤炭及各类大宗商品进出口业务、货场规划建设管理及国内铁路沿线运输等合作，为打造铁海联运精品线路夯实数字化供应链基础，优化"北粮南运"通道建设。吸引能源、粮食、矿石、木材等资源性产品垂直电商对接黑龙江省资源，布局智能加工项目，推动精深加工精准服务，深化区域联动产销对接。

加快推进智慧流通微循环。最大限度地利用国家电子商务进农村综合示范县、县域商业体系建设示范县政策，以"县乡村三级物流配送体系"和"工业品下乡流通服务体系"为依托，利用线上供应链平台，在全省率先启动"县域商业体系"建设，构建县乡村三级"商业网点体系""物流体系""应急体系""电商体系""平台体系"，最终形成覆盖城乡的本地生活服务平台。深化电子商务进农村综合示范工程、"互联网+"农产品出村进城工程等的实施，建设一批电商专业镇（村），为农产品构建更完善的产供销一体化系统。推动绿色智能家电深入乡村市场，合理规划并高效利用县域商业建设行动等专项资金，积极引导企业聚焦于县城及乡镇区域，优化绿色智能家电的销售渠道布局，完善仓储配送体系，并加强售后维修与家电回收等配套服务网络的建设。鼓励家电制造业与流通业合作，研发契合农村市场特性及老年人消费偏好的绿色智能家电产品，并鼓励具备条件的地区出台激励措施，支持民众购买此类绿色智能家电产品，以促进绿色消费与乡村振兴的融合发展。

6.3.5 数字生态

加快对生态优势转化的数字化模式的探索。借助黑龙江省林草大数据平台的数字林草感知、管护系统和森林资源监控网络，吸引第三方企业，加快投资碳汇数据资源体系建设，探索构建碳汇数据资源体系，建设碳汇专题数据库，开展森林碳汇连续动态监测，摸清全省森林碳汇底数。鼓励企业探索建设碳汇大数据云平台和数据共享开放平台，承接全省碳汇数据存储、备份和云计算业务。支持企业探索碳汇大数据交易，强化有减排需求的地区、企业数据收集和对接，为参与林业碳汇交易的企业、个人及森林经营者提供碳汇相关的交易、资源、信息交流等服务。

6.3.6 数字创意

推动新一代信息技术在创意设计领域应用，促进创意设计产业数字化、网络化、智能化发展。依托俄罗斯油画资源，将拥有版权的俄罗斯油画通过3D打印等方式制成丝巾、T恤等衍生品，打造文创衍生品产业链。鼓励创意设计企业积极开展油画艺术作品数字化保存保护、超高解析数字化扫描服务（2D、3D）、油画艺术精品的高仿真复制、油画艺术精品的版权开发、油画艺术精品及其衍生品开发、虚拟实体油画展馆建设、油画艺术精品及其衍生品营销平台。发展壮大以数字影视、动漫游戏、电子竞技、网络直播、短视频等为特色的数字文化创意产业。运用数字技术开发转化文化文物资源，深入挖掘地方特色文化资源，开发数字文化创意产品，充分借助线上传播渠道，拓展乌鱼绣、桦树皮画、鱼皮画、北红玛瑙、木雕、剪纸等众多具有黑龙江特色的非物质文化遗产传播渠道。推动数字创意和旅游、教育、体育等深度融合，积极拓展文化创新产品在线上推广售卖，同时进入线下景区，让游客"传出去，带回家"，实现广告效益与经济效益。

6.3.7　智慧交通

建设中国寒地智能交通综合测试基地，立足于高寒地区智能公交网络的建设基础，研发针对寒冷环境交通基础设施的耐久性增强与安全保障技术，弥补我国智能交通体系在寒区应用的技术空缺。加速推动交通基础设施的互联互通建设，全面优化构建多维交通网络体系，以增强运输效能、提升出行便捷度与智能化水平，确立哈尔滨为核心枢纽，辐射并带动周边区域发展，畅通我国内地与俄罗斯远东地区及腹地城市的对俄通道，重塑丝绸之路经济带。强化绿色智慧交通系统的构建，促进 5G、大数据、AI 等前沿科技在交通领域的融合应用，打造智慧道路、智慧港口、智慧航空枢纽等新型交通形态。积极探索车路协同、自动驾驶、需求响应式公交等前沿应用模式。推动绿色交通转型升级，广泛推广新能源与清洁能源车辆在公共交通、城市物流等领域的应用，并加速新能源基础设施的布局与建设。开展黑龙江省航运交易信息综合管理平台项目，促进大数据与航运业的深度融合，实现信息资源的优化配置。在机场建设方面，加速智能化转型，推广无纸化通关、一证通行等便捷服务，构建智能化、高效能的机场运营管理体系，以科技赋能交通，引领未来出行新风尚。

6.4　生活性服务业数字化转型

围绕黑龙江省生态环境、健康资源等方面的天然优势，充分利用新一代信息技术补齐医疗、养老短板，强化健康、医疗、旅游、养老、文化等服务产业融合，全力部署"健康大脑+智慧医疗"，建成健康产业集群，将黑龙江打造成人们追寻健康与宁静的首选之地。

6.4.1 智慧医疗

通过智慧医疗项目，全力部署"健康大脑+智慧医疗"，加快推进医疗云、"互联网+医院"、智慧医院、全民健康信息平台、医共体基础信息平台、"5G+智慧急救"等项目建设，扩大优质医疗资源供给，构建新型医疗服务体系。

推进全民健康信息平台建设。启动黑龙江省全民健康信息平台建设，将打破省、市、县医疗机构之间的数据壁垒，实现区域医疗机构各类数据汇聚、共享、应用，实现市民全生命周期的健康信息大数据管理。强化国家、省、市、县全民健康信息平台间的对接，横向实现各类各级医疗卫生机构与远程医疗服务平台等各类业务应用系统间的对接整合，实现区域医疗服务、养老医疗、医疗保障等信息的共建共享与业务协同，打造集医疗服务监管、远程医疗服务、基层卫生信息化和全民健康信息保障的智慧医疗一体化监管平台。建设统一、高效、兼容、便捷、安全的医保信息平台，支持多领域、多层级业务办理，连接定点医药机构、商报公司等多类服务主体，兼容"医疗一卡通"、"电子健康码"、社保卡、身份证等多类服务介质，打通医疗保障的政策规划、支付管理、医药服务管理、智能监管等各个环节，构建"横向联通、纵向融合"的医保业务全景图。开展全民健康大数据分析和梳理，挖掘潜在的数据价值，建立大数据应用支撑体系。

加速推广医疗一卡通服务的全面覆盖，通过依托居民健康卡的发行与应用，普及集身份认证、基础健康数据储存、跨地域跨医疗机构就医服务及费用即时结算等功能于一体的省级"医疗一卡通"体系，构建"一码通行"的就医新模式，使居民仅凭电子健康凭证即可便捷完成预约挂号、诊疗、检验检查、报告查询、药品领取及费用支付等全链条医疗健康服务流程，显著提升就医体验与效率。构建全省一体化医疗一卡通应用平台，集成诊疗挂号、信息采集、治病溯源等功能于一体，推动医疗一卡通、一码就医成为看病就医的主索引、识别码，消除一院一卡弊端。依托医疗一卡通数据，探索"刷脸就医"新模式。

深化健康医疗大数据平台构建进程。基于全民健康信息架构与医疗一卡通服务系统，优化健康档案库、医疗影像库、电子病历系统、人口统计库、卫生资源数据库、疾病知识图谱及信息技术标准集等基础数据资源，推动健康医疗大数据的分类开放与共享机制，促进人口、医疗、医保、医药及公共卫生等多领域数据的深度融合，提升辅助诊断精准度、健康管理效能、医药研发创新能力及疫情常态化下的监测预警能力，同时推广电子化凭证、病历、处方及票据等无纸化应用，实现医疗检验与检查结果的跨机构共享，拓宽医疗保障大数据平台面向公众的便捷服务渠道。借助新一代信息技术的综合应用，依托健康医疗大数据平台，强化信息共享与业务协同能力，整合并构建贯穿基本医疗、公共卫生与健康管理的全生命周期健康服务体系及监管决策支持系统，以科技赋能提升医疗服务质量与效率，推动健康治理现代化进程。培育形成以健康医疗大数据为核心的产业应用生态。

积极推进远程医疗。推动医疗联合体（医联体）信息资源共建共享，基于远程医疗、互联网诊疗，推广"互联网+协同诊疗"模式，为市民提供具有连续性的一体化的医疗服务。推进远程医疗体系构建，加快市级医院远程会诊中心、县级医院远程会诊室的建设，构建远程医疗政策管理、远程医疗业务服务、信息技术和运维等体系。实现远程医疗对省、市、县、乡、村五级的全覆盖，确保将全省所有区县级以上公立医院、大部分中心卫生院和社区卫生服务中心纳入远程医疗服务网络，并与省外其他国家级医院和发达地区高水平医院建立外部连接，形成既能覆盖省内又能跨越省区的远程医疗服务体系。对医疗资源配置进行优化，促进优质医疗资源向偏远地区"远程"下沉，推进医疗卫生机构实现远程医疗一站式会诊，为边远地区群众带来家门口就能享受到的来自高级别医院的优质医疗服务。积极发展基于人工智能技术的远程会诊、远程影像、远程检验、远程心电等远程医疗服务。推广5G远程诊疗、影像、心电会诊、AI辅助诊疗等场景应用。

积极发展互联网医院。继续加大互联网医院建设力度，推进"互联网+健康医疗"工程，持续跟进"互联网+护理服务"模式试点建设，支持对"互联网+"健康咨询、医疗、护理、药事等服务的开展。对"互联网+医疗""互联网+中医药"新模式的发展进行探索。鼓励医疗机构参与区域全民健康信息互联互通标准化成熟度测评，争取三级医院电子病历应用功能水平全部达到四级以上，二级医院达到三级以上，三级医院全部达到互联互通标准化成熟度测评四级以上水平。

稳步推进智慧医院体系的全面构建，融合智慧医疗、智慧服务、智慧管理三大维度于一体，建设综合性智慧医院。开发并部署医疗专题应用及小程序平台，集成预约挂号、候诊通知、费用明细查询、药品信息查询、健康卡管理、个人体征自测、周边药店导航、健康自查工具及个人健康档案管理等功能模块，逐步构建"一人一档"的全生命周期个人健康数据库。全面优化"智慧医疗"服务流程，深化"一次办好"的医疗卫生服务理念，推行多渠道网络预约、5G 云诊疗、病历影像及检验检查共享、"一站式"智慧健康App、刷脸认证、智能感知大厅、"一站式"医疗费用报销结算、"一码通"融合服务等数字化、便捷化业务，实现医疗卫生服务向更加便捷、高效、人性化的方向发展。

构建县域数字医共体。推动数字医共体建设，建设医共体基础信息平台，在区域内各个医疗机构间实现数据交互与共享。利用新一代信息技术驱动县域医改模式创新，构建以各区县人民医院为龙头，与所管辖区域内乡镇卫生院、社区卫生服务中心，以及村卫生室、社区卫生服务站共同组成的，具有"县乡村一体"龙江特色的紧密型县域医共体一体化信息平台，促进医共体内医疗健康信息交互共享、业务全方位协同联动、人财物一体化精细管理，为基层医疗机构持续赋能，为居民提供连续适宜的健康服务，整体提升医共体管理与服务效能，真正形成集服务、责任、利益和管理于一身的共同体，全面支撑医改政策落地。

推广"5G+智慧急救"应用。加快构建"5G+智慧急救"体系，针对黑龙江省地域分散问题，加快构建 5G+智慧急救体系，支撑一体化急救医疗网络的高效运行。推进黑龙江省"5G+智慧急救"平台部署，提供精准度更高的智能调度，实现急救中心指挥能力、出诊速度和运转容量的大幅提升。鼓励120急救指挥中心或接诊医院急诊科智慧化升级，配置智慧监控屏幕，加快"5G+智慧急救"云系统部署。积极推进对传统救护车进行5G信息化改造，将救护车上的监护仪等医疗设备信息接入120指挥调度中心或接诊医院急诊科。强化"5G+智慧急救"构建，实现同步传输高清医疗影像等数据，解决传统救治模式中救护车转运与医院救治信息脱节的弊端，将急救服务的关键环节前置，实现"上车即入院"，显著缩短急救响应时间。强化"5G+智慧急救"平台与智慧应急管理体系的互联互通，推动灾害应急救援系统的全面优化升级，确保救援前线与指挥中心之间的信息链路畅通无阻，提升整体救援行动的效率与成效。

搭建健康医疗云平台。统筹建设"健康医疗云（平台）"，为各级各类医疗机构提供动态、弹性云服务，各级各类医疗机构通过向"健康医疗云"中心租用资源即可部署多样化业务。通过推动医疗服务资源"上云"，实现医疗数据在云端使用统一标准、促进诊疗方式的标准化、提升诊疗结果的精准度，提供涵盖"诊—疗—愈"全流程的智能临床解决方案。建立健康医疗大数据接口规范，将医疗机构长期积累的诊疗、检查等大数据标准化，并向省级健康医疗云大数据分析平台有效汇聚，为医疗机构、医务工作者和医学研究人员等提供统计、预测、深度学习、用户画像、数据可视化的功能与服务，支撑医院和医生开展健康医疗大数据的深度研究和应用。

统筹部署健康医疗大脑。统筹建设健康医疗大脑，坚持市场化建设运营方式，引进智慧医疗龙头企业，整合现有系统平台资源，强化政府侧、医院侧、医生侧和居民侧整合，实现业务流的贯通，率先在全省布局"健康医疗大脑"。通过综合运用大数据、人工智能等前沿数字技术，结合健康医学方面的知识，逐步形成区域和全民健康管理的"大脑"和"中枢"，让医疗机构、百姓、政府均从中获益。建立智能疾病分析和辅助诊疗系统，依托传染病、慢性病、地方病、肿瘤等疾病的大数据智能监测系统，聚焦心脑血管、脑损伤、癫痫等寒地地区常见多发病种，突破一批智能防治关键技术。积极开发涵盖全身多部位、多模态医学图像数据、多诊疗环节的 AI 辅助分析，远程帮助基层医疗机构获得来自顶尖医院的专家经验支持，实现诊疗水平的提升和医疗资源的下沉，更好地促进医疗服务的智能化和远程化发展。推动智能医疗影像、医疗机器人、智能问答咨询与诊断等技术应用，建立快速精准的人工智能诊疗新模式。通过全民健康红黄绿数字化管理平台、高血压智能监测慢病管理系统、居民就医行为监测分析系统等，解决居民"防未病、治小病、管慢病、转大病"的各层次医疗健康需求，实现医疗技术思维从"以治病为中心"向"以健康管理为中心"的转变。

加速推进国家级健康医疗大数据枢纽建设，积极争取"国家健康医疗大数据创新应用与产业融合示范先行区"试点资格，吸引国内医疗健康领域的领军企业携手构建国家健康医疗大数据中心，并共同创立健康医疗大数据科技运营企业，专责承载并推动全国健康医疗大数据的汇聚整合、精细治理与开放共享，激发健康医疗大数据产业的蓬勃发展。依托数字经济产业园，建设特色智慧医疗产业园区，充分借助自贸区优势，引进俄罗斯医疗资源，布局医疗影像处理中心、第三方独立诊断服务平台、医疗专业技能培训中心等重点项目。

积极探索主动健康管理新模式。通过战略性投资投入及开放合作等形式，整合医、养、药、护等大健康资源，探索构建以促进全民健康为目标、覆盖全生命周期的健康管理服务体系。构建便捷优质、服务多样、线上线下相结合的服务链，通过提供辅助就医、康复护理、健康管理、养老养生、临终关怀等服务，对现有医疗卫生服务体系进行优化与延伸，为客户提供丰富多样的健康管理服务。基于互联网平台、手机应用程序（App）等，将预防、医疗、康复、护理、疗护等整合为互相衔接、贯穿全生命周期的智慧化健康服务体系，促进高端健康医疗资源向基层延伸，增强民众的健康意识与自我管理能力。重点聚焦于远程医疗服务的普及、个性化健康管理方案的定制、"互联网+护理"服务的创新、在线健康咨询平台的优化，以及"互联网+健康"科普教育的推广，全方位提升智慧健康服务的可及性与质量。

6.4.2 智慧养老

构建智慧养老主题库。依托健康医疗大数据平台，实现健康数据的有效归集和管理。加快建设智慧养老主题库，建立健全的老年人电子健康档案、电子病历、老龄人口信息等基础数据库。搭建健康养老数据中台，统一提供治理分析、共享交换、安全开放等全链条数据服务，提升数据的使用效率，强化数据要素赋能作用。鼓励对健康养老数据挖掘方面的理论与方法开展研究，促进数据创新应用，实现对健康状态的实时分析，对健康趋势的分析以及健康筛查等功能，提升针对老年人健康的行为画像、行为监测、安全监控等技术能力。

部署智慧养老院平台。最大限度地发挥智慧养老主题库的作用，开展"智慧养老院"平台建设，基于数据智能构建智慧养老知识图谱，以居家社区服务为重心建设信息支撑系统，最终实现需求一图掌握、数据一屏总览、业务一网归集，为老人提供居家社区养老、机构养老、康养结合、医养结合等服务。鼓励企业围绕"智慧养老院"平台，大力开发具有多方面、多种类健康管理分析功能及远程医疗服务功能的应用软件及信息系统，提高全市养老服务信息化水平。基于智慧养老院平台，推进养老补贴、养老服务、行业监管信息化，实现老年人信息的动态管理。强化物联网、人工智能等基础能力，联动云管边端，丰富服务种类，为居家老人提供紧急呼叫、无线定位、安全监测、家政预约、服务转介等一站式服务。

推广数字化健康医疗智能设备的普及应用。在养老服务领域，积极引入健康管理型可穿戴设备、自助健康监测终端、智能养老监护系统以及生活服务型机器人等前沿科技，着力培育远程监护、居家养老新模式、慢性病管理、个性化健康管理咨询及全方位生活照料等养老服务新形态。推动物联网、大数据、云计算、AI、区块链等新一代信息技术与智能穿戴设备、移动终端、服务机器人等深度融合，在居家、社区及养老机构等多元养老场景中实现集成创新应用，为养老服务带来更丰富的种类、更优良的质量、更高的效率。重点关注家庭养老床位智能化改造、智慧助老餐饮解决方案及智慧养老院的构建，提出并实践一系列智慧化养老服务策略，包括"互联网+养老"创新模式、"时间银行"互助养老机制及老年人能力综合评估体系。

积极推动医养结合试点的实施。基于健康医疗云平台与智能医疗决策系统的构建，建立健全老龄健康信息管理体系与养老服务信息系统，实现对老年人健康与养老状态的全面精准掌握，进而实施精准化、分层分类的服务策略。大力实施智慧健康养老产业发展行动，推进健康管理类、养老监护类、康复辅助器具类、中医数字化及人工智能家庭服务机器人等智能产品的发展，全面响应老年人对健康与养老服务的多元化需求。率先构建并优化居家医疗服务标准体系，包括服务规范、技术指南及操作流程等，鼓励具备条件的医疗机构为居家失能（含认知障碍）、高龄、慢性病患者及残疾人等特殊群体提供家庭病床、上门诊疗等便捷医疗服务。推广"互联网+医疗健康"与"互联网+护理服务"模式，以创新思维满足老年人对高效便捷居家医疗服务日益增长的需求。

鼓励开展旅养融合试点。鼓励智慧康养综合体建设，通过新一代信息技术赋能，整合旅游、医疗、气候、生态、康复、休闲等多种元素，打造智慧康养综合体，提供全方位、全周期的"医、康、养、游"服务。鼓励开展实时监护、远程医疗、非接触生命体征检测等"远程式医疗"服务，对"互联网+照护"服务模式积极进行探索，为疗养人员提供更多便利。通过"线上点单接单、线下服务"的创造性方式，由专业的康养服务人员为居者提供送餐、助浴、清洁、健康状况测量等服务，提高旅养人员的获得感、幸福感。

孵化智慧健康产业。加强来自新一代信息技术的支持，对产业生态进行优化，协同推进技术、产业、数据、标准四大要素融合，加速产业数字化转型进程，塑造智慧健康养老的新产品体系、服务业态与运营模式。促进行为监测、生理监测、室内外高精度定位技术、健康数据深度分析等关键技术的综合创新与应用集成，全面契合智能健康养老领域的多样化需求。持续拓宽智慧健康养老产品的供给范畴，强化跨学科合作与技术融合创新，极大丰富智慧健康养老产品种类，并显著提升健康养老服务的智能化水平。聚焦资源，优先研发具备趋势预测、智能预警功能的健康管理类产品，以科技赋能健康管理。强化养老监护类产品的研发力度，重点开发融合行为监护、安全照护等功能的智能设备，确保老年人安全与健康。支持发展具有健康状态辨识、中医诊断治疗功能的中医数字化智能产品，并鼓励家庭服务机器人的研发与应用，通过智能化手段提升老年人的生活质量。

6.4.3 智慧旅游

促进电商与旅游产业深度融合。支持利用 5G、AR/VR、元宇宙等数字技术，以及直播、短视频等新方式，宣传黑龙江省特色旅游。做好黑龙江省智慧旅游生态旅游品牌，持续实施旅游数字营销战略，利用社交媒体、直播平台等，加强与国内主流媒体、线上知名营销平台合作，策划热门旅游话题和事件，构建立体营销矩阵。举办特色突出、形式多样、全渠道融合的宣传推介活动，打造黑龙江省旅游品牌、旅游线路品牌、旅游城市品牌矩阵。

升级一部手机游龙江平台。以微信公众号、小程序应用为建设中心，加快联合第三方平台与技术资源，与美团、携程、同程等一系列旅游平台达成数据分享合作，充分对接"龙江文旅云"平台，通过在线网站、微信公众号、移动应用等渠道，深挖一部手机游龙江平台功能建设，围绕"吃、住、行、游、购、娱"旅游要素，完善与自媒体、网络直播平台等新兴媒介合作，发展移动社交、网络口碑、线下体验等营销应用，以旅游者需求为导向，打造无缝化、即时化、精确化、互动化的旅游信息服务体系，构建全省首个跨平台合作新模式。

部署特色文化数字融合应用。围绕黑龙江省红色文化、边境文化、港口文化等，推动特色历史文化、民俗文化、地理文化的数字化呈现、推广与价值挖掘，开发以黑龙江文化为主题的数字化作品和周边产品。支持地方文化元素在各领域深度融合，重点培育文旅融合新业态、新空间，打造数字时代的文旅品牌。利用 5G、人工智能、大数据、VR/AR 等技术，打造沉浸式旅游消费模式，开发数字文旅体验与应用的新场景。

推进数字场馆建设。依托新一代信息技术加快推进景区智慧化，大力支持围绕数字景区概念建设智慧旅游信息服务平台。加快数字博物馆、数字图书馆、数字文化体验园等景区数字化模式的建设推广，实现数字文化资源的无差别、无门槛服务。推动"数字博物馆"建设，采用"融物于景"的场景化展示手法，运用虚拟现实技术、3D 图形图像技术、立体显示系统、互动娱乐技术、特种视效技术等科技，将文物、模型、多媒体、声光电融于一体，在基于虚拟空间的数字博物馆中，以虚拟全景的形态完整呈现现实中存在的实体历史博物馆。

6.4.4　新零售

优化新一代信息技术在消费领域的融合应用，凭借大数据、物联网、高精地图、智能定位等前沿科技，与智能仓储、智慧物流深度融合，全面革新商品生产、销售及流通链条，构建以线上便捷服务、线下沉浸式体验、金融赋能、高效物流为核心支撑的智能零售生态系统。弥补线上零售在体验上的不足，拓宽线下零售渠道，精准满足消费者对品质化、差异化、体验式消费的追求，进而增强顾客忠诚度。强化零售领域数字技术应用，支持重点零售企业深化供应链管理、品牌建设、多渠道运营，推动内外贸一体化发展。深化"智能+零售"技术实践，推动无人零售体验的普及，倡导在办公区、住宅区、商业街、旅游胜地等区域布局智慧超市、智能商店、自动化餐厅、智能服务站、数字书店等新型业态。

鼓励实体零售企业实施全渠道融合发展策略，鼓励商家入驻多元化生活与地理信息服务平台，利用移动支付、数字地图、智能终端等作为桥梁，促进线上线下无缝对接。积极构建实体店与消费者之间的全天候、全渠道互动网络，推广网订店取、网订即送、网订自提等新型零售模式。引导零售行业依托原有的实体网点、货源、配送等商业资源，深度利用高新技术与适用技术对传统经营模式进行智能化改造，升级经营服务设施，发展 O2O、C2B、移动支付等智能商贸零售服务。支持线下商场及门店升级各类智能零售终端，推广电子价签、刷脸支付、智能货架、溯源体系等门店科技，打造数字商贸消费新场景。

优化部署"一刻钟生活便利圈"策略。加速构建生活服务型新型基础设施网络，实现生活服务数字化底座与社区"一刻钟生活便利圈"体系以及公共服务等社会治理核心领域深度融合，促进社区服务向智能化转型。鼓励并赋能平台企业，打造定制化、易操作、成本效益显著的数字化生活服务基础设施，实施税收减免、财政激励、政府采购服务等多元扶持政策。借助"一刻钟生活便利圈"的构建契机，加速社区商业线上线下深度融合进程，支持百货店、大型超市、便利店、农贸市场等场所"人、货、场"云化改造，推广"云逛街""微菜市""网上餐厅""无人超市"等新型数字消费模式，引领社区生活服务创新升级。

推进中央大街智慧街区建设。提升中央大街核心商圈能级，合理布局特色商业街区的数字化产品应用，以数字化服务提高生活品质。建设智慧街区，智慧街区应用围绕"提升服务体验""优化监管模式"两大主要任务目标，以一体化和智能化公共数据平台、区域视频监控平台资源为依托，以商圈、监控探头等基础设施为载体，运用大数据技术汇集、分析各类智慧街区设备感知数据，汇集5G、人工智能等先进技术打造基于城市基础设施运行数据分析和应用的城市管理新模式，实现城市运行管理"看得见、看得清、看得懂"，打造新型基础设施融合应用典范。充分运用互联网、物联网技术，感知消费习惯，预测消费趋势，构建数字化生活新场景、新体验。

支持新型电商发展。推动电子商务创新发展，精心培养精品电商、直播电商、社交电商、社群电商、"小程序"电商等新业态、新模式。推动电子商务内涵式发展，深化与供应链深度融合，加快向供应链服务商转型升级。推动直播电商在商贸领域的深度应用，培育和引进一批直播电商龙头企业、优质直播电商平台、MCN机构。积极探索跨境私域电商发展，充分利用原有对俄商务关系网，充分利用社交软件、短视频直播等私域流量平台，沉淀私域数据，发展私域电商，实现产品品质基础上的销售渠道多元化、创新化。加快发展线上到线下（O2O）、消费者到企业（C2B）、客户到工厂（C2M）等新模式线上平台，发展电商直播、体验消费等新零售模式。充分利用数字经济产业园，建设电商大厦，吸引MCN机构、直播企业、供应链企业等入驻，探索跨境直播电商模式。

6.4.5 智慧教育

推进学校智慧校园建设。加速教育新型基础设施建设步伐，强化各级各类学校的宽带网络部署，系统性地推动千兆光纤网络深入校园并直达教室，优先加快偏远地区学校及班级的千兆网络覆盖进程。为宽带网络注入强大动力，确保其能够充分满足广大师生在个性化学习、智能化教学、深度研究及专业成长等方面日益增长的需求，推动教育环境向更加高效、灵活与智能的方向发展。加快中小学和幼儿园智慧校园建设，打造智能感知的校园环境，推动学校智能教室、学科功能室、创新实验室、人工智能实验室、智慧体育质量监测、智慧图书馆等复合功能空间设备设施升级。研究制定智慧校园建设标准与规范，实现数据标准统一、应用互联共享、系统安全可控。加速构建以移动智能终端为核心、以智慧教室与智慧校园为显著标志的智能化教育环境，实现一种融合自主学习、个性化定制学习、团队协作学习及泛在化学习特性的智慧教学模式，并依托互联网、大数据分析及云计算技术实施精细化的智慧管理体系。培育出一批能够自如适应"互联网+"时代与智能化信息生态系统，拥有卓越思维品质与强大实践创新能力的新时代智慧教育人才。

探索智慧教学的新范式。在智能化信息生态的肥沃土壤中，积极试点并推广新型教学模式，强化信息技术与教育教学活动的深度融合与相互促进。为此，倡导设立智慧课堂标杆项目，广泛实践慕课、微课、翻转课堂等前沿教学模式，以及电子书包等创新教学媒介，通过试点示范引领智慧教育发展。积极开展基于教育大数据的数据挖掘与学习分析，进一步对教学的策略、方式、过程和评价进行优化。鼓励建立物联网技术教育应用示范基地，围绕社会、自然、生物、科学等课程知识，在校园、研究机构及社会场所建设一批感知中心，使学习行为、学习过程、学习数据、学习结果自主化和公开化。建立若干数字化学习型社区示范点，整合各类信息网络系统和学习资源，着力推进家校互动、远程学习。

构建智能化学习生态系统，让新一代信息技术深度渗透至每位学习者的日常学习之中，确保每位学习者都能便捷获取到高度个性化的学习服务，从而强化其适应"互联网+"与智能化信息生态的能力，并培养终身学习的创新意识与才能。在中小学教育领域，积极引导学生运用信息技术进行主动学习、自我驱动学习及协作学习，提升他们在网络环境中发现问题、剖析问题并解决问题的批判性思维能力。在职业院校层面，则需聚焦于提升课程教学、实训实践、案例分析、职业技能竞赛及资格鉴定的信息化程度，确保信息技术有效支撑产教融合、工学交替、校企合作及顶岗实习等教学模式，提高学生的实践创新能力与职业素养。高等学校层面要积极推动信息化环境下科研与人才培养的融合，为学生实现自主学习、自主管理、自主服务等方面能力的提升。高等和职业院校需根据社会需求和技术发展，开设与智慧产业相关的专业课程，培养复合型、实用型信息技术人才。

推进高等教育数字化。推进高等学校智慧校园建设，全力做好面向学校管理者、教师、学生、家长的"运营、教学、教室"的数字化支撑，逐步实现校园运营资源全覆盖、服务全周期、事件全流程、安全全方位。构建专属的特色智慧教学 5G 网络体系，提供极致高速、极致便捷且高安全性的网络环境，以支撑智慧教室的超前发展需求，确保远程教学与智慧教学活动能够在可靠、稳定且高速的网络环境中顺畅进行。立足于实际环境和应用需求，采用先进成熟的体系架构和技术，打造以数据、业务和物联中台为核心的智慧校园一体化平台，实现基础应用服务的开放性与统一性，显著增强了基础应用服务的能力，促进了各类应用系统的快速部署、高效集成与持续创新，以更加优质地服务学校的各单位和全体师生。推进"一网通办"建设和应用，对各类校内审批业务流程进行优化整合，力求校内在线办事流程最简化，搭建一站式服务平台，为全校师生提供统一、便捷的校园事务办理入口。

6.4.6 智慧家庭

强化数字家庭工程设施建设，在住宅和社区中分类推广楼宇对讲、火灾自动报警、智能家居等智能产品，以及智能快递柜、智能充电桩、智能灯杆等生活"新基建"，丰富数字生活场景体验。加速推进全国范围内的家电"换新升级"计划，促进绿色智能家电深入乡村市场，有效缩短智能家居产品的迭代周期。深度融合智能家居技术与政务服务平台，实现居民线上政务服务需求的无缝对接，涵盖公共教育、劳动就业、社会保障、民政、医疗健康、住房保障、视听娱乐、文化体育等多个领域，打造"一屏办""指尖办""电视办"等便捷模式。在新建全装修住宅中，强化智能科技产品的标配要求，明确规定需安装包括楼宇对讲系统、智能入侵防护、自动火灾探测预警等在内的基础智能安防设施，提升居住安全性与智能化水平。支持为居家异常行为监控、紧急呼叫、健康管理等老年人友好型智能产品预留系统接入条件。倡导现有住宅依据最新住宅建设标准实施升级，融入智能设备，并推动门窗、遮阳系统、照明设施等传统家居建材向电动化、数字化、网络化转型。在社区配套设施的完善过程中，强化智能设备的布局，特别针对新建社区，明确规定需配备包括入侵检测、视频监控系统在内的基本智能安防设施，并确保消防通道无阻，以增强社区整体的安全防护能力。养老设施应满足健康管理、紧急呼叫等智能产品的配置要求，提升社区适老化水平。积极推广智能停车系统、智能快递柜、智能充电站、智慧停车解决方案、智能健身器材、智能照明杆、智能垃圾分类箱等多元化公共配套设施，全面升级社区的智能化服务体验，为居民提供更加便捷、高效、智能的生活环境。

参考文献

［1］马克思，恩格斯．德意志意识形态（第一卷）［M］．北京：人民出版社，1972.

［2］李梦欣，任保平．新中国 70 年生产力理论与实践的演进［J］．政治经济学评论，2019，10（5）：62-77.

［3］马克思．资本论（第一卷）［M］．北京：人民出版社，1975.

［4］何海涛，梁爽．对马克思"生产力"概念的再反思［J］．中南民族大学学报（人文社会科学版），2018，38（3）：1-6.

［5］丹尼尔·贝尔．后工业社会的来临［M］．高铦，等译．南昌：江西人民出版社，2018.

［6］尼葛洛庞帝．数字化生存［M］．胡冰，范海燕，译．海口：海南出版社，1997.

［7］丹·希勒．数字资本主义［M］．杨立平，译．南昌：江西人民出版社，2001.

［8］马克思，恩格斯．马克思恩格斯文集（第 23 卷）［M］．北京：人民出版社，1972.

［9］习近平致国际教育信息化大会的贺信［EB/OL］．［2015-05-23］．中央政府门户网站，https：//www.gov.cn/xinwen/2015-05/23/content_2867645.htm.

［10］邓小平文选（第 3 卷）［M］．北京：人民出版社，1993.

［11］毛泽东选集（第1卷）［M］. 北京：人民出版社，1991.

［12］马克思恩格斯文集（第8卷）［M］. 北京：人民出版社，2009.

［13］维克托·迈尔-舍恩伯格，肯尼思·库克耶. 大数据时代：生活、工作与思维的大变革［M］. 盛杨燕，周涛，译. 杭州：浙江人民出版社，2013.

［14］罗永平，罗忠民. 马克思的精神生产力理论及其在当代的发展［J］. 贺州学院学报，2007（3）：15-18.

［15］王静田，付晓东. 数字经济的独特机制、理论挑战与发展启示——基于生产要素秩序演进和生产力进步的探讨［J］. 西部论坛，2020，30（6）：1-12.

［16］习近平关于"不忘初心、牢记使命"论述摘编［G］. 北京：党建读物出版社，中央文献出版社，2019.

［17］刘启春. 论人类生产力发展的历史规律及其当代表现［J］. 马克思主义哲学研究，2018（2）：224-230.

［18］于立，王建林. 生产要素理论新论——兼论数据要素的共性和特性［J］. 经济与管理研究，2020，41（4）：62-73.

［19］中央网络安全和信息化领导小组第一次会议召开［EB/OL］.［2024-02-27］. 中央政府门户网站，https：//www. gov. cn/ldhd/2014-02/27/content_2625036. htm.

［20］罗素. 西方哲学史（上卷）［M］. 何兆武，李约瑟，译. 北京：商务印书馆，2018.

［21］弗里德里希·李斯特. 政治经济学的国民体系［M］. 北京：商务印书馆，1997.

［22］曾志诚. 数字生产力赋能乡村振兴的优势、挑战及进路［J］. 江汉大学学报（社会科学版），2024，41（3）：5-14.

［23］马克思恩格斯全集（第1卷）［M］. 北京：人民出版社，1995.

［24］中共中央党史和文献研究院. 习近平关于网络强国论述摘编［M］. 北京：中央文献出版社，2021.

［25］道恩·E.霍尔姆斯.大数据［M］.李德俊,洪艳青,译.南京:译林出版社,2020.

［26］何玉长,王伟.数据要素市场化的理论阐释［J］.当代经济研究,2021（4）:33-44.

［27］孙蚌珠,石先梅.数字经济劳资结合形式与劳资关系［J］.上海经济研究,2021（5）:25-35.

［28］马克思恩格斯全集（第23卷）［M］.北京:人民出版社,1972.

［29］习近平在中共中央政治局第二十次集体学习时强调坚持运用辩证唯物主义世界观方法论提高解决我国改革发展基本问题本领［EB/OL］.［2015-01-24］.中央政府门户网站,https://www.gov.cn/xinwen/2015-01/24/content_2809598.htm.

［30］习近平.不断做强做优做大我国数字经济［J］.先锋,2022（3）:5-7.

［31］萨利姆·伊斯梅尔.指数型组织:打造独角兽公司的11个最强属性［M］.苏健,译.杭州:浙江人民出版社,2015.

［32］张雷声.马克思主义政治经济学的发展与创新［M］.北京:中国人民大学出版社:2022.

［33］马克思恩格斯文集（第10卷）［M］.中共中央马克思恩格斯列宁斯大林著作编译局,译.北京:人民出版社,2009.

［34］张哲华,钟若愚.数字生产力的特征、机理及我国的发展对策［J］.价格理论与实践,2023（1）:22-27.

［35］数字政府一体化建设白皮书（2024年）［EB/OL］.［2024-02-04］.中国信息通信研究院,https://www.caict.ac.cn/kxyj/qwfb/bps/202402/t20240204_471663.htm.

［36］数据价值化与数据要素市场发展报告（2021年）［EB/OL］.［2021-05-27］.中国信息通信研究院,https://www..caict.ac.cn/kxyj/qwfb/ztbg/202105/t20210527_378042.htm.

［37］中国算力发展指数白皮书（2023年）［EB/OL］.［2021-05-

27〕．中国信息通信研究院，https：//www. . caict. ac. cn/kxyj/qwfb/bps/202309/t20230914_ 461823. htm.

〔38〕中国零售业呈现持续向好的趋势〔EB/OL〕．〔2023－11－10〕．中国服务贸易指南网，http：//tradeinservices. mofcom. gov. cn/article/yanjiu/hangyezk/202406/164293. html.

〔39〕2024 年 1—6 月份社会消费品零售总额同比增长 3. 7%〔EB/OL〕．〔2024－07－15〕．国家统计局，https：//www. stats. gov. cn/sj/zxfb/202407/t20240715_ 1955609. html.

〔40〕中国智能制造发展研究报告：能力成熟度〔EB/OL〕．〔2022－12－09〕．中国电子技术标准化研究院，https：//www. cesi. cn/202212/8958. html.

〔41〕2023 年 10 月中国快递发展指数报告〔EB/OL〕．〔2023－11－10〕．国家邮政局，https：//www. spb. gov. cn/gjyzj/c100015/c100016/202311/7fa1e7fcf1044926a0835349aa261d4d. shtml.

〔42〕谢中起，索建华，张莹．数字生产力的内涵、价值与挑战〔J〕．自然辩证法研究，2023，39（6）：93－99.

〔43〕张立馨．龙哈工业云为冰城企业加装"最强大脑"〔N〕．哈尔滨日报，2022－02－24.

〔44〕付宇．一季度黑龙江省农村电商零售额同比增长 84. 5%〔N〕．黑龙江日报，2020－05－17.

〔45〕全省培育省级数字化车间 316 个，关键业务环节全面实现数字化的企业比例超一半〔EB/OL〕．〔2024－09－29〕．哈尔滨新闻网，https：//www. my399. com/p/380515. html.

〔46〕全省首个区域性工业互联网平台推广应用，让机器"会说话"、数据"会思考" | 龙哈工业云为冰城企业加装"最强大脑"〔EB/OL〕．〔2023－02－24〕．哈尔滨新闻网，https：//www. my399. com/p/73031. html.